HANSONS MARATHON METHOD

2ND EDITION

RUN YOUR FASTEST MARATHON

漢森馬拉松
訓練法

跑出你的最佳成績

目次

第三部　策略

/導/讀/

　　如果你是一位認真自我訓練的跑者，對《漢森馬拉松訓練法》想必並不陌生，有別於早年幾本馬拉松訓練的經典著作，如 *Running to The Top*（Arthur Lydiard）、*Daniels' Running Fomula*（Jack Daniels）、*Lore of Running*（Tim Noakes）等，由菁英跑者盧克·漢弗萊（Luke Humphrey）彙集漢森兄弟的實務經驗與個人運動科學碩士的專業背景所撰寫的《漢森馬拉松訓練法》以更淺顯易懂、容易操作的方式將馬拉松訓練的觀念與其背後生理知識傳遞給大眾，特別的是，不論你是跑步新手，亦或資深老馬，漢森以馬拉松訓練最重要的核心概念——有氧體能——為出發點的指導主軸，都能讓你從中開發自己的潛能，在過往的基礎之上，開拓另一片更寬更廣的

天空。

　　任何的訓練方式要有效，最重要的前提是你必須相信它，一個再厲害的訓練傳說如果未能得到參與者的全心信任，那當你碰到挫折或困難時，便很容易對自己與訓練方法懷疑，當然也就難以突破與堅持；你也許很急著想知道如何安排自己的訓練，但在此之前，我會鼓勵你先閱讀「第一部：方法」，先了解馬拉松訓練的全貌，以及漢森訓練法的核心觀念「累加疲勞」，你將會明瞭菁英跑者為何總是要跑那麼多里程，你將會明白自己的生活和訓練該如何權衡，你將會對後續的課表架構一目了然，而不是像一堆亂碼，你只是照著做，卻不知所云。

　　在了解馬拉松訓練的原理與模型後，不妨先思考一下自己過往的訓練安排，當中是否缺少了第一部提到的關鍵要素──週跑量，最大攝氧，燃脂能力，還是跑步經濟性？可以先把思考到的缺項寫下來，再進入第二部的訓練計畫，如此你在閱讀時便可以和自身經驗連結，印象自然較為深刻。

　　在訓練計畫中，漢森清楚地將一個馬拉松訓練週期中各個循環以及當中的重點訓練做了清楚的闡述，你可以先閱讀一遍，然後將其提供的計畫範例和過往自己的訓練計畫做比對，檢視和自己訓練計畫之間的差異，再針對差異的部分去閱讀該章節，你便能了解你所缺乏的訓練安排，對你在馬拉松體能上會造成什麼影響，以及如果你將缺少的元素加入，可能帶來的好處是什麼。

　　對於每一個單獨訓練課表的用意與操作方式，漢森也做了很清楚的說明，速度跑、強化跑、節奏跑、長跑，仔細閱讀一遍，尤其是那些特別提醒的執行要點，一個好的訓練如果沒有掌握箇中關鍵，

那很可能適得其反、徒增疲勞；對於市民跑者安排課表上常會碰到需要調整或更動的問題，漢森提供了幾種不同類型的範例與方案，讓我們保有訓練和生活取捨的彈性，這個部分在第五章有詳細的討論。

要有好的體能表現，光訓練是不夠的，恢復才是讓你進步的起始點，我建議你看完訓練計畫後可以先閱覽第九章關於恢復以及第八章營養和水分補充的相關內容，這些都有助於提升你的訓練品質並維持健康。

有了好的計畫、正確的執行方式，以及理想的恢復措施，基本上你的訓練計畫就邁出了成功的第一步，也許你正興致勃勃、迫不及待地想開始練習，想把前一次未竟全功的目標好好地大破一番，等等，你的目標合理嗎？還是其實你一向都太好高騖遠，越級打怪？第六章關於如何選擇比賽目標的內容，有助於你在開始訓練前能先實際客觀地評估自己當下的體能狀態與可訓練時間，進而擬出一個可行又不至於沒挑戰性的合理目標。

書中也提供了輔助訓練和裝備的相關內容，這些資訊可以讓你的比賽準備更加分，輔助訓練包含了跑步的技術練習以及徒手可做的肌力訓練，有助於跑者改善跑姿、提升肢體活動度，並能帶領初學跑者建立相對來說較容易缺乏的專項肌力，書中提到的輔助訓練都是跑者能在平時自我執行、而不需要特別上健身房才能執行的練習，你可以依照自己的訓練安排與需求來參考選用。

本書最後提供了三個附錄，都是很實用的參考資料，附錄 A 是提供給想要進階挑戰自我的跑者，你可以從菁英跑者的訓練計畫範例中一窺打造巔峰體能的模型，並從中找到自己提升進步的元素；

附錄 B 則教你如何將輔助訓練融入日常課表中，既能加分，又不至於造成額外的負擔；附錄 C 的流汗計算機，為水分補充提供了一個可以參考的標準。

　　準備好了嗎？不論你過去的跑步資歷與經驗為何，期待你抱持著一顆赤子之心，細細品味這本近年在歐美跑步圈中獲得極高評價的書籍，從中找到訓練的樂趣，以及，那幾塊你過往不曾發現但能讓你成為更優秀跑者的拼圖。

　　Have a nice day!

──徐敦傑｜《漢森馬拉松訓練法》中文版審訂

/推/薦/序/

作為參與漢森一布魯克斯長跑計畫（Hansons-Brooks Distance Project）的少數幸運跑者之一，我可以明白地告訴你，待在這個團隊裡的時間，是我一生中最棒的時光。我能接受全美最棒的兩位馬拉松教練——凱斯·漢森與凱文·漢森的指導，並和最強的運動員們一起訓練。

其中一位運動員正是本書作者盧克·漢弗萊（Luke Humphrey）。即使我們當時都是新手，卻有不少共通點。首先，我們都像海綿一樣吸收漢森兄弟傳授的一切知識。其次，我們都是在開始跑步後不久就愛上馬拉松這項運動，並打從心底相信漢森訓練法，我們在職業生涯中看過太多透過漢森訓練而成功的案例，這些

跑者也持續在跑步界中發光發熱。

時間過得很快，十年後的今天，我已成為亞利桑那州旗手市菁英跑團的教練。我可以很驕傲地說，我們團隊的成員戰績輝煌，包括多次奪得全美冠軍、代表美國出征國際賽事，以及在 5 公里、馬拉松等一系列賽事中，跑出世界級的水準，這些都可歸因於漢森訓練法的幫助。現在你也可以學習這套方法了！盧克個人的馬拉松最佳紀錄是 2 小時 14 分，他深入淺出地將漢森訓練法做了最好的詮釋。盧克嘗試過各種類型的課表，包括 3×3 英里、2×6 英里與馬拉松距離的模擬賽等，所以他能像個哈佛教授一樣將這些課表拆解清楚。這本書最棒的一點就是，不僅能顧及菁英選手需求，更能照顧到所有願意朝自己跑步目標邁進的人。

不論你的年齡與跑步能力為何，漢森訓練法都是值得珍藏的無價之寶。我過去參與漢森長跑計畫時曾親眼見證它的成功，也在以漢森跑步專賣店（Hansons running store）為訓練基地的團隊上看到相同效果。如今身為教練，我同樣能感受到它對於旗下運動員所展現的訓練效益。這不是個容易的訓練法，你必須全心投入，但結果絕對值回票價。從我一生的跑步經驗來看，我可以告訴你：不論速度快或慢，跑者的天性就是堅忍不拔，漢森訓練法將能提供認真的跑者真正需要的幫助，那就是嚴謹、有效的訓練計畫，幫助他們跑得更快！

——班・羅薩里奧（Ben Rosario） | 北亞利桑那菁英跑團總教練

/自/序/

　　多年來，在底特律的各種跑步場合經常可以看到漢森兄弟的身影。事實上，若你曾經加入跑團、馬拉松訓練課程，或是參加漢森跑步專賣店舉辦的活動，你會發現他們在當地相當成功。但若以全美國而言，漢森訓練法就沒那麼有名了。因此，當維洛出版社（VeloPress）2011 年聯繫我們，希望將這套方法寫成書時，我們認為這是與更多人分享漢森訓練法的絕佳機會。對於能夠提供一套不同的訓練方法給更多跑者，我們深感榮幸。書籍首刷就獲得了熱烈回響，足證跑者迫不及待地想嘗試新的馬拉松訓練方法。

　　本書獲得了極高的正面評價，我們接到無數的讀者來信，感謝我們提供這套訓練方法，同時也和我們分享他們突破個人紀錄的喜

悅。我們樂於聽到這類啟發人心的故事：關於他們如何努力不懈、全心投入，最終獲得回報的經驗。對於讀者們的盛情讚譽，我們衷心感謝，著實不敢當。

在整個出版過程中，最棒的部分是我們能夠教學相長。如今已有成千上萬的人使用漢森訓練法，我們也接到許多疑問，而透過回答這些問題，我們得以更加精進這套方法。書寫第二版書籍給了我們盡情回應讀者的絕佳機會，我可以很高興地對你們說，我們在新版中加入了「只求完賽」訓練課表，這是針對有意嘗試首場馬拉松但還沒準備好接受進階課表的新手所設計。最後，我們在新版也加入了更完整的輔助訓練，包括伸展運動與重量訓練等，同時展示這些輔助訓練如何強化你的跑步訓練。唯一不變的是我們的目標，那就是滿足跑者需求，給予你最扎實的資訊，讓你在跑步生涯中都能受用。

在本書第二版出版後，漢森訓練法將持續幫助更多跑者達成目標。我與凱文、凱斯感謝你的支持，也感激你對於此訓練方法深信不疑！

———盧克‧漢弗萊

/謝/辭/

回顧愛上跑步的美好旅程，我必須感謝漢森兄弟。他們集結選秀、教練與導師等多重身分於一身。他們總能看出跑者的潛力，這是別人無法做到的。對於參與漢森—布魯克斯長跑計畫的跑者來說，凱文與凱斯提供無數機會並協助他們實現目標。沒有他們的話，數十位「不夠優秀的跑者」將無法獲得跑鞋贊助合約、菁英級的訓練，以及跑步界頂尖專家的支持；沒有他們的話，我們無法聽到布萊恩·賽爾（Brian Sell）、德希蕾·林登（Desiree Linden）等許多長跑名將多年來代表美國出征世錦賽的精采故事。我誠摯地向所有參與計畫的跑者致上最高謝意，我們都是有相似跑步背景的跑者，也期待書中關於如何進行訓練的章節，能夠增進外界對於此訓練法的認識。

儘管漢森兄弟協助菁英跑者訓練的成功經驗早已獲得全國肯定，但這套方法對於普羅大眾而言仍同樣有效。透過這套非傳統的訓練方法，自 1990 年代以來，各種不同能力的跑者皆能透過漢森（訓練法）享受征服馬拉松的快感。凱文與凱斯給了我如此棒的機會，讓我能將這個計畫與全世界分享。對此，我心懷感謝。

　　我也得感謝我的太太妮可（Nicole），當我埋頭寫稿時，她總是對我耐心有加。我也必須向得力助手科里・庫巴茲基（Corey Kubatzky）致上謝意，在我寫作期間，他承接漢森教練服務（Hansons Coaching Services）多數事務、確保每日營運正常，他總有方法搞定一切。

　　維洛出版社同仁給予我極大幫助，尤其是凱西・布雷恩（Casey Blaine）、戴夫・川德勒（Dave Trendler）與康尼・奧林（Connie Oehring），我在此一併感謝。維洛出版社給了漢森兄弟與我難得的機會，讓我們能分享此訓練法所有細節，這是一般雜誌文章做不到的。

　　而運動品牌布魯克斯（Brooks Sports）多年來全力支持長跑運動，推廣漢森訓練法不遺餘力，我也致上謝意。

　　最後，我要謝謝所有相信並勇於嘗試這套方法的跑者。我們深知打破傳統並不容易。儘管我們提供一切指導，但真正付出努力、辛苦跑步的還是你。

／前／言／

我來自美國密西根州西尼（Sidney），這是一個平凡的中西部偏僻小鎮，人口僅 927 人。事實上，我住在城鎮幾哩外。如同中西部多數城鎮，越野賽跑與田徑運動在此並不盛行，主因在於這些活動經常與美式足球或棒球賽季撞期。當我還小時，我並不覺得有什麼奇怪的，畢竟我從小就愛棒球。受惠於父親身高 203 公分的良好遺傳，當我升上八年級時已有 182 公分高。這樣的身高以田徑運動而言，似乎沒有什麼發展空間。

雖然我很喜歡打棒球，但是我的數學老師（身兼田徑教練）「建議」我改跑田徑。很顯然地，他認為我的田徑表現會優於棒球。而我也確實在田徑場上找到歸屬，發現自己的跑步天賦，後來甚至聽

從老師的鼓勵放棄其他運動、全心全意地投入於跑步。在我跑步生涯初期不吝給予鼓勵的人，我永遠感念在心。沒有他們的話，我後來根本不可能與菁英團體一同訓練、參與奧運馬拉松選拔賽、環遊世界比賽或是寫下這本書。

結束高中成功的跑步生涯後，我進入中密西根大學（Central Michigan University）就讀，並加入越野路跑團隊。這段期間，我們的團隊贏得數項比賽，並打入全美前 25 名，甚至有一年在全美大學體育協會第一級別（NCAA Division I）越野錦標賽獲得第 9 名的佳績。2004 年，我取得運動科學學士學位，並打破個人大學跑步紀錄。儘管我對於這些成就開心不已，並覺得自己大學時代花在跑步的時間沒有白費，但有個念頭一直在腦海裡縈繞不去。我認為自己能做到更多，這讓我開始思考畢業後參與菁英級馬拉松競賽的可能性。

凱文與凱斯——我跑步生涯的兩大貴人，就在此時出現了。幸運的是，漢森—布魯克斯長跑計畫就位於密西根州，因此在中密西根大學畢業後，我便詢問他們是否願意讓我加入。其他教練可能對我不屑一顧，但漢森兄弟看到我的潛力，心想我說不定是個不錯的跑者，這便是我的馬拉松冒險旅程起點。2004 年 8 月，我將家當收拾好塞進車內，從芒特普萊森特（Mount Pleasant）搬到羅徹斯特（Rochester），打算在漢森兄弟指導下，展開人生首場馬拉松訓練。

2004 年 10 月，我在拉薩爾銀行芝加哥馬拉松（LaSalle Bank Chicago Marathon）完成初體驗，完賽時間是 2 小時 18 分 48 秒，位居美國跑者第 5 名，總排名第 17 名。跨越終點線時，我發誓下不為例。十年過後，我跑過至少十場以上的馬拉松，看來我當時真的不認識自己。

2006 年是我跑步生涯的重大轉捩點，令我一頭栽進職業跑步的世界。我清楚記得，那年春季波士頓馬拉松開賽前兩週，我們這群參與漢森－布魯克斯長跑計畫的跑者，前往佛州進行訓練，目的在於適應跑步的炎熱天氣。出發前一天剛好是我的論文口試，我必須在口試委員前為論文辯護，只求順利從奧克蘭大學取得運動生理學碩士學位。學術這條路漫長而艱辛，度過這關便能如釋重負。我深知跑馬拉松雖然痛苦，但煎熬程度比不上站在比你聰明百倍的委員前為自己粗糙的作品辯護。

　　經過數月訓練，期間歷經密西根州酷寒冬天與佛州炎熱的高溫，我們團隊已做好萬全準備，打算在 2006 年的「豆城」（波士頓別名）馬拉松賽大顯身手。最後，我們在男子組拿下排名 4、10、11、15、18、19 與 22 的名次。我是第 11 名，以 2 小時 15 分 23 秒突破個人最佳成績。由於梅伯・柯菲斯基（Meb Keflezighi）、阿倫・科爾佩珀（Alan Culpepper）與皮特・吉爾摩（Pete Gilmore）等人的優異表現，美國選手在前 15 名裡占了 7 個名額。美國長跑上不了檯面的境況已成為過去式，跑者開始有了長足進步，成為其他國家難以忽視的勁敵。繼比爾・羅德傑斯（Bill Rodgers）、弗蘭克・肖特（Frank Shorter）與格雷格・邁耶爾（Greg Meyer）於 1970 年代晚期、1980 年代初期引領馬拉松風潮後，大家再次對於美國馬拉松跑者燃起熱情。

　　這場比賽不只令我對於自己的訓練有成感到興奮，同時驅使我接下漢森馬拉松年度訓練課程的任務。雖然我在當地醫院物理治療師的工作做得不錯，但我不可能放過這個大好機會。因為這不僅能實踐所學，同時能讓我更投入我最愛的運動。而最棒的回報是，透

過漢森訓練法，我能將我對於跑步的熱情傳遞給他人。如今看來，教練工作真的很適合我。

隨著我的經驗增長、客戶增加，漢森兄弟鼓勵我開始教練業務，也就是我於 2006 年成立的「漢森教練服務」（Hansons Coaching Services）。在無數報章雜誌刊登獨特的漢森訓練法的報導後，漢森兄弟因成功指導菁英與一般跑者而聞名全國。此訓練法變得越來越有名，我成了授業解惑的頭號發言人，同時使用這套經過時間驗證的方法指導跑者。

與此同時，我自己的跑步成績也開始進步。我曾參加三次奧運馬拉松選拔賽（2008 年、2012 年與 2016 年），在 ING 紐約馬拉松大賽排名 11、拉薩爾銀行芝加哥馬拉松排名 12，最近更將個人紀錄提高至 2 小時 14 分 39 秒，一切都得感謝凱文與凱斯的指導。這真是很棒的經驗。

對我而言，最令人興奮的莫過於看到多年來指導的學生突破自我。每年馬拉松賽季期間，漢森兄弟與我最喜歡閱讀學生來信，興奮地分享自己運用漢森訓練法跑完全馬的心情，創下個人最佳紀錄，比先前快個 20 至 30 分是常有的事，就連阻礙跑者達成目標最常見的撞牆期，也一直到跑完全程都沒發生。更棒的是，多數跑者期待下一次馬拉松賽事到來。所有完賽的跑者都為我們的教導增添了成功範例，也證明了這套經過實際驗證、加上科學背書的訓練法成效強大。漢森馬拉松訓練法真的有效！我親身使用並教導了無數跑者，未來也將持續宣揚它的厲害之處。

PART I──THE APPROACH

第一部　方法

第一章
漢森訓練法的原理

　　在運動科學研究與生理學實證的幫助下，凱文與凱斯打造了他們的馬拉松事業。我在 2004 年時以運動員的身分加入他們，兩年後，我負責將這對兄弟的訓練計畫推廣給全國跑者。漢森兄弟早在 1992 年時就針對底特律馬拉松推出首發訓練計畫，因此當我加入時，這套方法早已通過了時間的考驗。他們對於市面上既存的課表感到失望，因此推出自己的訓練計畫。「我們認為，這些課表無法讓跑者做好迎接馬拉松的準備，」凱斯解釋，「多數課表週間訓練太少，反而在週末才累積跑量，只因為跑者週末比較有空。我們追求的是完整的訓練計畫。」

　　自漢森推出此訓練法以來，馬拉松這項運動正經歷部分人口中

所說的「二次繁榮」。1970 年代興起一股慢跑熱潮，20 年後則出現馬拉松狂熱。請看以下數據：1976 年，美國馬拉松完賽人數約 2.5 萬人。到 1990 年時，此數據暴增近 10 倍至 22.4 萬人。這還不是最誇張的，1995 年、2000 年與 2005 年完賽人數分別高達 29.3 萬人、35.3 萬人與 39.5 萬人。在 2013 年時，美國約 54.1 萬人跑完全馬，其中光美國本土就有超過 1,100 場賽事。

隨著馬拉松完賽人數增加，完賽時間也變長。從 1980 年至 2010 年，男性參賽者平均完賽時間從 3 小時 32 分增至 4 小時 16 分。自 2010 年起，此時間便維持於 4 小時 16 分。女性跑者數據則更能激勵人心，從 1980 年至 2002 年，平均完賽時間從 4 小時 3 分增至 4 小時 56 分，但此後逐年改善，2013 年時進步至 4 小時 41 分（詳見 www.runningusa.org），完賽時間變長，毫無疑問是因為參加的人變多了。在 1970 與 1980 年代時，馬拉松跑者大多由狂熱分子組成，這些人心中帶著目標進行訓練。今日馬拉松成員已與過去不同。馬拉松過去是菁英與次菁英嚴肅以對的體能挑戰，如今變成普羅大眾的休閒活動，許多人只求跨越終點線即可。

在身兼跑者與教練的跑步生涯中，我曾遇過以下三種馬拉松跑者：

- **資深跑者**：這類跑者多年來累積不少跑量，過去可能參加過一兩場馬拉松。他們希望將馬拉松成績提升至更高水平。
- **休閒跑者**：這類跑者對於馬拉松可能不太熟悉，但他們並非跑步新手，因為他們跑過較短距離賽事。他們希望

藉由首場馬拉松設下成績參考，大部分人未來也有意參與更多馬拉松賽事。

· **初心跑者**：這類新手跑者分成兩種，一種是希望將「跑完全馬」從人生遺願清單劃掉，另一種則是為了慈善公益而跑。其中多數人只求完賽，之後便把馬拉松拋諸腦後。

凱文與凱斯熱衷於參與團體訓練，而我在美國癌症協會委託下協助他們訓練「密西根東南毅力跑團」（Southeastern Michigan's DetermiNation）。換言之，我們相當熟悉首次接觸馬拉松與並非為了比賽目的而跑的新手跑者。初心跑者與休閒跑者最大的問題是，他們深受大眾媒體影響，堅信一週跑三天是最棒的訓練方式。此方法成功說服他們，只要稍微調整生活優先順序，便能完成馬拉松訓練：買雙新鞋、一週挪出幾天跑步，幾個月後便能挑戰全馬26.2英里。[*] 但事實是，姑且不論跑者意願，單純以完賽目的來看，一週跑三天也不是最佳訓練方式。這套方法導致更多跑者無法為馬拉松做好準備，也難以激勵他們繼續從事這項運動。

當我與凱文討論第三類（初心）跑者時，他點出一項事實：漢森跑步店大約每隔三年就會有一批初心跑者加入，約占全部消費者的一半。假設該商店服務 4 萬名客人，每隔三年便有 2 萬人是首次接觸這項運動。雖然這麼多人深受鼓舞、嘗試馬拉松是件好事，但我們也不禁好奇，為何這麼多人選擇放棄？隨著我們越深入討論，背後原因也越趨明朗。有不少跑者被「犧牲少少、收穫多多」的宣傳打動而加入馬拉松行列。他們被告知，只要稍微調整日常行程與

生活方式便能完成馬拉松挑戰。換言之，真正吸引他們的是精簡的訓練計畫。由於這些人訓練不足，跑馬拉松的感受自然也不會太好，無怪乎續留場上的人如此稀少。

仔細檢視這些最流行、最精簡的訓練計畫，它們有著幾個共通點：

- **跑量低**：根據課表規定，新手跑者最多每週僅需跑35～40英里，進階跑者也只需跑45～55英里。
- **頻率低**：新手跑者被告知每週只需跑3～4天，進階跑者5～6天。
- **長跑**：多數訓練計畫要求20英里，有些甚至達到26英里。一般來說，這種長跑通常安排在跑量高峰週。多數課表在週日長跑前，又在週六安排一項主要訓練，以至於60～75％的週跑量集中於週末兩天。
- **訓練週期極長**：多數訓練計畫為期24～32週。這一點也不令人意外，畢竟每週跑量如此之低，身體需要更長時間適應。
- **強度太高**：在每週三天訓練的課表裡，所有的跑步強度都很高（最大攝氧量的70％以上），且搭配一個約占當週跑量40～50％的長跑。

---

* 編注：1英里等於 1.609344 公里，全馬 26.2 英里，通常換算為 42.165 或 42.16 公里。不過，在標準的馬拉松賽制中，全馬是 42.195 公里。

　　漢森訓練法的原理

對新手而言，僅要求最低跑量、每週練三天的課表，能讓他們輕鬆上手跑步運動，同時為他們打下良好基礎又不至於受傷。但一旦跑者決定跨入馬拉松領域，這樣的計畫便會令他們訓練不足。這些計畫通常能幫助跑者達到完賽的主要目標，但不幸的副作用是他們通常會對馬拉松產生厭惡。唯有享受其中，才能讓人維持運動的動力，因此這樣的課表不適合長期使用。

　　漢森以強大、成功、盡興的馬拉松體驗為宗旨，設計出一套訓練課程，希望鼓勵你完成更多目標賽事。與市面上其他流行的訓練計畫不同，我們的方法不只能讓你完成比賽，更能讓你一輩子愛上馬拉松。我們採取直截了當的方式傳授馬拉松訓練：我們不會過度美化、提供捷徑，或自以為是。事實上，若你沒受過一點傷、沒流過汗，甚至是滴下眼淚，那根本不算跑過馬拉松。

累加疲勞：透過每日、每週，甚至每月持續訓練所累積的疲勞。

　　接下來，我們將檢視漢森訓練法背後的原理。這些原理來自於傳奇教練亞瑟・利迪爾德（Arthur Lydiard）的理論。利迪爾德被視為普及跑步運動的代表人物，他帶領許多運動員實現奧運夢想。他所抱持的訓練理念，對於漢森訓練法影響極大。漢森兄弟將他「累加疲勞」的概念作為此訓練計畫的理論基礎。簡言之，「累加疲勞」起因於反覆訓練，不讓身體在訓練日中間完全恢復。漢森是一個將訓練的不同層面協同配置，並做策略性規畫的訓練方法，而不是隨意將不同訓練日硬湊在一塊。你會發現「累加疲勞」這個基本原則

貫穿整個漢森訓練法，它由五個元素組成，缺一不可。若你忽略其中一項，那其他元素也會如同骨牌效應受到干擾，導致你的生理適應性受限，這可是取決馬拉松成功與否的關鍵。這五個元素分別是：

· 跑量
· 強度
· 平衡
· 持續
· 恢復

跑量：策略性累積訓練里程

許多馬拉松訓練計畫最大的問題在於，它們試圖滿足一般跑者心中的期望，而非他們的實際需求。這些計畫常將每週絕大多數訓練里程安排在六、日，因為那時跑者才有空閒時間，而剩餘跑量平均分散於週間數日，這意味著所有週間跑步訓練強度都很高，跑者很少有機會輕鬆跑並累積跑量。由於週間訓練以高強度為主，跑者需要更久時間恢復，導致輕鬆跑遭到犧牲。即使這些計畫明確指出跑者週間必須進行輕鬆跑，他們卻可能因為先前的訓練過於疲累而無法完成。

合適的週跑量在累加疲勞的過程中相當重要。將每週訓練天數從3～4天增加至6天，便能提升週跑量。但這並不意味著增加強度，只需安排更多輕鬆跑即可。漢森馬拉松訓練法將教你如何增加跑量，同時維持配速以避免過度訓練。試想，若跑者目標是參加5公里比

　　　　　　　　　　　漢森訓練法的原理

賽，那他每週跑量必須是實際比賽距離的 4 ～ 6 倍，有意挑戰馬拉松的跑者當然也必須增加週跑量（詳見表 1.1）。雖然一般馬拉松跑者不太可能跑 4 ～ 6 倍的馬拉松距離（100 ～ 150 英里），但每週跑個 2 ～ 3 倍（50 ～ 70 英里）還是可行的。

大部分跑者都知道必須增加週跑量才能順利迎戰馬拉松，但他們卻缺乏信心。新手跑者看到 12 週課表的總跑量，便開始懷疑自己能否辦到。「跑者有夢，築夢踏實。勇敢設下目標，從小處著手逐步實踐。」凱文建議。「每週跑 60 英里在此刻也許聽起來很可怕，但與其擔心自己做不到，不如專注於當下，你將對自己幾個月後的進步感到驚豔。」

表格 1.1　對於不同程度與比賽項目的週跑量建議（單位：公里）

	新手跑者	進階跑者	菁英跑者
5 公里	20 ～ 30	40 ～ 50	90+
馬拉松	40 ～ 50	60 ～ 70	110+

除了跑者心理恐懼的主觀因素，偏誤的客觀條件也可能讓累積跑量變得困難。不當的訓練強度、訓練失衡、跑鞋太舊，以及一下子增加太多里程，都可能讓跑者從一開始就注定失敗。我們一次又一次地看到，只要運動員給予身體足夠的時間適應新的訓練壓力，他們便能承受遠超出他們想像的考驗。我們的訓練計畫將帶領你循序漸進地增加跑量，先從低跑量開始，慢慢提升跑量與強度。正如我常對我的運動員說的：「蓋房子得先打好地基。」跑量就是最根本的基礎，讓其他元素得以發揮作用。

強度：生理適應

　　除了較高的跑量，我們的計畫與其他課表在配速與強度也有所不同。這些訓練因子彼此是密不可分的，若訓練強度太強，你可能會過於疲累而無法達到每週跑量要求。在漢森─布魯克斯長跑計畫裡，菁英選手間的競爭非常激烈，如何教導他們適當地配速，是教練最棘手的難題。在訓練時，凱文與凱斯總能察覺運動員間何時會出現一種「我知道你跑得快，但我更快」的比較心態。為了讓他們了解配速有多重要，以及懲罰超過指示配速的跑者，漢森兄弟規定配速每快一秒就得做一下伏地挺身。在幾次處罰後，所有跑者都乖乖地遵守配速規定。

　　當然，若你沒達到配速要求，我們也不可能逼你做伏地挺身，但配速確實是累加疲勞的重要推手。絕大多數的建議跑量，都應跑在無氧閾值（乳酸閾值）以下或更慢。你可能會好奇，「跑那麼慢，速度怎可能會變快？」在第二章裡，我們將討論耐力訓練帶來的諸多生理適應，像是粒腺體增加、肌纖維適應與更擅於利用脂肪作為能量來源。運動生理學家發現，當你以低於無氧閾值的配速來訓練時，人體最能產生這些生理適應，進而提高有氧閾值、無氧閾值與有氧能力，跑步體能自然也就隨之進步。

　　不論輕鬆跑或是高強度訓練，按預訂配速照表操課，在我們的訓練計畫裡相當重要。

　　輕鬆跑經常被視為垃圾里程或是填充性質的訓練，這樣的觀念是錯誤的，輕鬆跑應是每週訓練的主體。當你以合適的強化跑輕鬆

漢森訓練法的原理

跑時，能夠促進身體產生一系列絕佳的生理適應。然而，不論新手或資深跑者，輕鬆跑時往往難以維持適當配速。新手跑者輕鬆跑時，常不自覺地跑得太快，因為漸進的訓練安排讓他們在初期覺得過於輕鬆。一般而言，訓練強度會因應訓練里程的增加而被拉低，因為累積的疲勞將讓跑者必須降速才能達到目標里程。但作為一名教練，我還是建議你從計畫的第一天起，就按照馬拉松目標訂出訓練配速，並妥善地安排訓練。這能讓你安全地逐週、逐月循序提高跑量與強度。較有經驗的跑者容易對於他們的訓練過度熱衷，深信跑得越快越好，特別是那些從較短距離比賽轉往馬拉松發展的跑者。但如果他們真的嗨過頭，不願意放慢腳步輕鬆跑，那就很可能因為過度訓練而受傷。

不管你的跑步水平如何，當我們安排「輕鬆」跑時，你真的得放慢腳步，等到訓練後期、增加強度高的訓練時，這些輕鬆跑的日子才能幫助你主動恢復，縮短恢復時程，為下次訓練做好準備。

在高強度訓練中遵守配速也一樣重要。我們再三強調，訓練的目的在於刺激生理適應，而不是讓跑者盡力衝刺、看誰撐得最久。節奏跑（Tempo run）、強化訓練（Strength Workouts）可以提高無氧閾值，但這並不代表你跑節奏跑的速度應高於無氧閾值配速。速度訓練（Speed workouts）能發展你的有氧能力，應跑在最大攝氧量之下而非超過。舉例來說，今天的練習是以 5 公里配速跑 6 組 800 公尺，假設配速是每英里 6 分鐘或 800 公尺 3 分鐘。若你前三組跑了 2 分 45 秒、2 分 45 秒與 2 分 55 秒，那後 3 組很可能會掉速，跑出 3 分 10 秒、3 分 15 秒與 3 分 10 秒。雖然整個平均下來是 3 分鐘，但你並未在任何一組訓練達到指定配速。這意味著你的訓練量並不

是在預期效益下產生的，以這個例子來說，這些訓練是專為提高有氧能力所設計，你前 3 組跑太快，超過最大攝氧量，因此產生無氧能量與乳酸，後 3 組則因疲勞與乳酸堆積而拖慢速度。到頭來，你辛苦訓練了半天，卻得不到任何生理上的實質效益。

現在，你應該曉得為何凱文兄弟要以伏地挺身作為處罰了。唯有在整個訓練過程中遵守配速，你才能承受更大訓練量、保有訓練的持續性，不會因過度疲勞而中斷或更改訓練。儘管累加疲勞的重點在於讓你疲勞，但若超過指定配速跑步，會令你無法充分恢復，這才叫做垃圾跑量。

平衡：均衡訓練

其他馬拉松訓練計畫的最大缺點之一，在於它們欠缺平衡。這些計畫過度重視長跑，當週其他日子則讓跑者從這個艱難的長跑中恢復。當長跑成為訓練重點，訓練一致性、週跑量、恢復、強度的重要性，往往會被忽視。為了完全發揮跑者潛力，所有生理效益都必須整合在訓練當中。「所有元素都很重要，」凱文解釋，「若你只是不斷地練長跑，那不可能征服馬拉松，一定要有其他元素配合。」

漢森馬拉松訓練法包含兩種跑步類型：輕鬆跑與素質練習（Somethig of Substance, SOS）。素質練習包括速度訓練、強化訓練、節奏跑與長跑。「素質練習比輕鬆跑更辛苦。」漢森兄弟如是說。增加訓練變化，不僅能獲得必要的生理效益，更能讓你保有跑步的動機。若變化是豐富生活的良方，你的訓練計畫也應如此安排。

人心總是對一成不變感到厭倦，你的身體也是如此。當你輪流進行各式訓練，對各個生理系統帶來壓力，你便能穩定地刺激生理適應。除了長跑，你也必須將時間與精力花在輕鬆跑、強化訓練、速度訓練、節奏跑與恢復。如此一來，你才能成為更強、更全面的馬拉松跑者。凡事過猶不及，當你維持訓練平衡時，你必能從每個訓練項目中獲得箇中效益。

一致性：照表操課

　　身為一名教練，我發現許多跑者無法維持訓練一致性。他們某個禮拜可以跑三天，下週變四天，下下週又減至兩天。這並不令人意外，畢竟我們每週都會遇到新的挑戰與問題。比方說，老闆緊急交辦任務、你的車子拋錨，或是小孩突然生病等。生活總會出現意外，令堅持訓練計畫變得困難。偶爾調整計畫有其必要，但維持規律的跑步計畫仍是最重要的事。

　　從生理學角度來看，無法保有訓練一致性，我們會連維持基本體能都有困難。雖然合宜的訓練安排能迅速產生生理適應，但只要一或兩週不持續進行便會消失殆盡。舉例來說，若跑者每週訓練5天、連續3週，此時他會明顯進步，但若後2週每週僅跑2～3天，這些進步的體能便會開始衰退。需要再2週持續訓練，才能恢復至先前的體能水準。最後的結果是，跑者花了長達6～8週的訓練，但能力只達到第三週的水準。若時間無法完全配合原有訓練計畫，建議你要略為調整，不要跳過訓練，凡事聊勝於無。

　　為了達成持續訓練的目的，你必須設定可行目標並預先規畫。

若目標訂得太高，當你忙不過來時，便會倍感挫折。反之，若目標訂得太低，你會感到無趣乏味。設定合適的目標能督促你每天出門跑步，即使你內心有千百個不願意。預先規畫每週跑步行程，也有助於提高你投入的程度。預先排定未來 5 ～ 7 天的跑步行程，不要在訓練當天才想著要做什麼。把跑步排進行事曆或寫張紙條貼在冰箱上，你就可以為每週的突發事件做好安排。若你週二必須一早進公司開會，那就安排下班後跑步。若小孩整個週末都要比賽足球，那就找個空檔排進跑步行程。事先做好規畫，讓你更能堅守計畫並維持訓練一致性。

恢復：部分休息

所謂的「累加疲勞」，就是讓你遊走在充分訓練與過度訓練的交界邊際。漢森馬拉松訓練法試著讓你接近這條線，而非超過它。此計畫的所有訓練固然辛苦，但這能讓你獲得更棒、更愉快的馬拉松經驗與成績。「不完全恢復」在訓練中扮演著重要角色，它能讓你的表現更好，即使你並非處於最佳狀態。

不論是速度訓練、強化訓練、節奏跑或長跑，大家普遍認為跑者最好「輕快」地從事這些訓練。想獲得這種輕快感，跑者在訓練日前後要能充分休息，但如果太常安排全休，往往會減損輕鬆跑的有氧適應。我們不會連排兩天的艱難訓練，而是以「主動恢復」的策略來應對。這意味著，我們通常在艱難訓練日後排定輕鬆跑，這能讓你的身體不必全休，就足以恢復，並應對下一次的艱難訓練。試想：在艱難訓練後，你肌肉裡的肝醣耗盡，並感到極度疲累，此

時最重要的是補充肝醣與水分，同時給予肌肉復原時間，但這並不代表你需要 24 小時躺在沙發上。輕鬆跑強度不高，以燃脂為主，允許身體恢復碳水化合物（肝醣）儲備。肌肉也學會更有效率地燃脂，因為輕鬆跑的強度能促使身體利用脂肪（而非碳水化合物）作為能量來源。

恢復固然重要，但想要「累加疲勞」，你僅能部分恢復就要接著下一次練習。在輕鬆跑日子過後，你的肌肉有些酸痛、肝醣尚未補充完全，導致你有些欲振乏力。請記住，這是正常的。你正在訓練身體承受如此多的里程，就像馬拉松尾聲產生的疲累感，你必須學習在這種狀態下持續往前。這是累加疲勞在長跑中如此重要的原因。雖然雙腿仍殘留上次訓練後的酸痛，但你的體能已部分恢復到足以應對長距離的練習了。「只有長跑最重要。」凱文談到僅專注長跑的計畫時說道。「這樣的訓練無法教會身體任何事情，只能讓你體認到跑完前面 20 英里後會筋疲力竭。但我們希望你的雙腿帶著疲勞訓練，才能讓身體適應長跑後段的里程。」

他強調，「在訓練中，我們試圖模擬的是馬拉松最後、而非開頭的 16 英里。」即使如此，這並不會對身體帶來過大壓力，導致跑者接下來需休息一整週，我們會穿插安排輕鬆跑和素質練習。累加疲勞帶來一連串生理適應，訓練身體為馬拉松里程帶來的壓力做好準備。仔細看我們的訓練計畫，你會注意到，週跑量每隔四週便會略為提升，方式是透過輕鬆跑、節奏跑與長跑的調整。隨著身體逐漸適應，你必須調整訓練壓力，才能持續進步。

等到比賽的大日子到來，我們將讓身體全然恢復，讓你踏上起跑線時享受腳步的輕快感。我們計畫的宗旨是協助你在比賽時創下

最佳表現，而非在訓練時。畢竟你心中最盼望的是在比賽中改寫個人紀錄。

累加疲勞 vs. 過度訓練

想要累加疲勞，需要各種因素配合，重點在於維持平衡。拿掉其中一個因素，累加疲勞就無法達成。這些因素彼此相關、互補。當你努力地維持訓練平衡、重視跑步的各個面向，最後必能提高跑量。若你需要長跑、輕鬆跑、節奏跑、速度跑或強化跑的訓練，那你每週的訓練天數至少需達到 4 ～ 5 天。另一個重要前提是嚴守配速。若你每次練習都跑得太快，便很難維持訓練一致性，甚至可能訓練過度。緊跟指定配速，才能確保訓練的均衡。雖然總跑量可能會超出你習慣的範圍，但我們的強度是分散安排的，這正是適應新跑量與過度訓練的最大差別。

你在過程中會感到疲勞嗎？答案是肯定的。畢竟「疲勞」正是累加疲勞的重點。但疲勞與過度訓練截然不同。這裡有個真實案例，一名在地運動員莎莉絲特（Celeste）來到我們辦公室，希望我們協助她跑好一場春季馬拉松。她過去曾跑過幾場賽事，一心盼望創下個人佳績。她於 2014 年 12 月曾做過最大攝氧量測試，當時數據是 49 毫升每公斤體重／分鐘，每英里最快跑 7 分 40 秒。2015 年 5 月，經過漢森訓練法幫助後（依其狀況將典型漢森做了微調），她再度接受測試，最大攝氧量提高至 60 毫升／每公斤體重／分鐘，每英里跑 6 分 40 秒。這真是極大的進步，她「僅僅」只是遵循適當配速、中等跑量與平衡訓練的計畫，成績就能獲得顯著的進展。這實際上

並不輕鬆，她承認過程中有好幾次都感到疲勞，但她仍堅持按表操課並維持配速。若莎莉絲特訓練過度，她根本無法維持配速，這是累加疲勞與過度訓練的差別。最大攝氧測試後幾週，她參加了馬拉松賽，並取得個人最佳成績，完賽時間整整快了近 8 分鐘。

馬拉松訓練一點都不輕鬆，你可別小看它。在過程中，你可能忍不住飆罵髒話、錯過喜愛的電視節目，或是取消幾場社交出遊，但當你成功跨越終點線時，一切都是值得的。這套訓練法由優秀的漢森兄弟研發，裡頭融合了他們從其他優秀教練身上學到的知識，這套原理能讓你從只求完賽者變成貨真價實的馬拉松跑者，這正是我們的目的。

漢森訓練法的原理

第二章

馬拉松生理學

　　我寫這本書的目標之一，在於將生理學章節變得淺顯易懂、方便執行，這是市面上跑步書籍很少做到的。有時候，當我閱讀期刊文章或教科書時，很難想像一般跑者有辦法實際應用這些內容。「一般人看得懂嗎？」如果連我都有這樣的疑問，我想這會是很多人的心聲。因此我決定將生理學寫得簡單清楚，讓讀者看完後茅塞頓開。我希望你闔上本書後，深呼吸，然後告訴自己：「原來是這麼一回事。現在我知道背後原理，以及該如何去做了。」

　　凡事都可能被搞得混沌難懂。我們（這裡指的是教練、運動生理學家、研究人員與「聰明的」跑者）經常把訓練過程想得太複雜。知道太多也是一種麻煩。其實你不需要擁有運動生理學博士學位也

能做好訓練。本章將協助你學習必要的生理學知識，好讓你將注意力放在訓練上頭。在掌握漢森訓練法背後的生理學原理後，你將對於每天的訓練充滿信心，同時不必承受資訊超載的困擾。

身為運動生理學家兼教練雙重身分的我，深知科學理論與實際應用間有時存在極大落差。在本章中，我嘗試在兩者之間搭起橋梁，一方面傳授理論背後的原理，一方面協助你應用理論提升表現。

你會發現，我們的計畫是針對生理適應的原理而設計的，這是讓你成功征服馬拉松的關鍵。使用漢森訓練法之前，請先認識以下這些原理。

· 馬拉松肌肉
· 最大攝氧量
· 無氧閾值
· 有氧閾值
· 跑步經濟性

馬拉松肌肉

討論運動生理學，一定會提到肌肉系統。你的身體裡有超過 600 多條肌肉用於產生動作與力量。它們能讓你心臟跳動、眼睛轉動、消化食物與雙腿奔跑。這些肌肉纖維主要分成三種：心肌、平滑肌與骨骼肌。心肌讓你的心臟跳動；平滑肌分布於消化道，負責推動食物前進；骨骼肌則在人類運動中扮演最重要的角色，它讓跑步變成可能。

馬拉松生理學

骨骼肌不僅負責生理上的運動，更是多數能量儲存的地點。這些肌肉分成慢縮肌纖維（slow-twitch fibers）與快縮肌纖維（fast-twitch fibers），後者又細分成好幾種。所有肌肉都含有這兩種肌纖維，它們就像許多電纜束捆在一起，每一束僅由其中一種肌纖維構成。上千個肌束組成一條肌肉，每一束都由一個運動神經元控制。運動神經元位於中樞神經系統，它們在此控制肌肉，產生運動。

肌纖維與運動神經元組成一個運動單位。由於每一束僅包含一種肌纖維，因此一束慢縮肌與一束快縮肌透過不同運動單位從大腦接受訊號。若一個運動神經元遭到觸發，便會產生較弱、較細微的肌肉收縮。但若是多個神經元遭到觸發，肌肉便會強而有力地收縮。

為什麼這些概念很重要？原因在於，骨骼肌肉系統某種程度上主宰了馬拉松的能力高低。你越了解自己的生理機能，越能聰明地進行訓練。讓我們仔細討論這些肌肉類型。

I 型肌纖維（慢縮肌）

家族基因在馬拉松潛能上扮演了重要的角色。若父母遺傳給你大量的慢縮肌，那你在比賽開始前就已經拔得頭籌。慢縮肌又稱為 I 型肌纖維，對於耐力運動特別重要，因為它們能有效率地使用能量且不易疲乏。慢縮肌是有氧肌群，這意味著它們使用氧氣來產生能量。慢縮肌擁有更多的微血管，因此輸送氧氣的能力勝過快縮肌。此外，慢縮肌具備有氧代謝發生的必要機轉，也就是被稱為「細胞發電廠」的粒線體。由於粒線體的存在，你才能使用脂肪與碳水化合物作為能量來源，讓身體得以持續跑步。

顧名思義，「慢縮」肌的收縮速度較其他類型肌纖維慢，這對

於耐力型跑者相當重要。雖然慢縮肌產生的力量不如其他肌纖維，但它們卻能在相當長的時間內，穩定地供應能量。它們還擁有較小的運動神經元，這意味著不須太大的神經衝動便能讓肌肉收縮，因此當你開始跑步時，首先收縮的將是慢縮肌。雖然慢縮肌較小、收縮較慢，直徑約是快縮肌的一半，它們卻更有效率且更持久，讓你在長距離跑步時不容易感到疲勞。

II 型肌纖維（快縮肌）

快縮肌又稱為 II 型肌纖維，基因同樣扮演了關鍵角色，型態上較慢縮肌要壯大些。快縮肌外表較粗大、收縮較快，且能產生較大的力量，但相對也比較容易疲勞。快縮肌所含的粒線體極少，因此使用無氧系統產生能量。它們使用大量三磷酸腺苷（ATP）作為能量來源，這是一種含有高能量的分子，因此這類肌纖維疲乏的速度極快。奧運百米金牌選手用來破紀錄的衝刺速度，和馬拉松冠軍在全馬過程中所能維持的驚人均速是截然不同的，兩種不同的肌纖維，會帶來不同的結果。

II 型肌纖維可再細分成好幾種，其中最常見的是 IIa 型與 IIb 型，它們又稱為「中間肌纖維」。IIa 型與慢縮肌有許多共通點，包括擁有較多粒腺體與微血管，因此儘管它們的收縮力量優於慢縮肌，但也被視為廣義的有氧肌群。相反地，IIb 型收縮力量更大，透過無氧方式產生能量、疲勞迅速。各類型肌纖維的比較詳見表 2.1。

表 2.1　纖維類型的比較

	I 型	IIa 型	IIb 型
收縮時間	慢	快	最快
抵抗疲勞	高	中	低
產生力量	弱	強	最強
粒線體密度	高	高	低
微血管密度	高	中	低
氧化能力	高	高	低

工作系統

　　所有人都擁有 I 型與 II 型肌纖維，但比例有著極大落差。不論性別，一般人在四肢約有 45 ～ 55％的 I 型肌纖維分布。有運動習慣，但還不算認真訓練的人，他們的 I 型肌纖維約占 60％。而經過訓練的長距離跑者通常擁有 70％的 I 型肌纖維，菁英級跑者這類肌肉占比甚至更高。試想，擁有極高比例 I 型肌纖維的跑者 A，與 I 型肌纖維與 IIa 型皆較少的跑者 B，跑者 A 在馬拉松比賽勝出的機率自然較高。跑者 B 該如何克服這樣的劣勢呢？

　　幸運的是，不論對於跑者 A 或 B，身體都是一部能適應各種壓力的神奇機器。在運動生理學領域中，「壓力」指的是透過反覆、高壓的訓練，使得身體產生某些生理性適應。研究人員長久以來不斷尋找肌纖維轉化的關鍵，希望有一天能發現讓跑者 B 透過訓練而改變肌肉組成的方式。雖然多數研究尚無定論，但普遍共識是 I 型肌纖維對於馬拉松跑者的表現而言相當重要，菁英跑者也較休閒跑者

擁有較高比例的 I 型肌纖維組成（不同類型跑者肌肉組成，詳見表 2.2）。我們目前並不清楚，人體的肌肉組成是否受制於基因，是否可以透過訓練壓力來改變。I 型肌纖維能否變成 II 型尚無定論，但研究顯示 IIa 與 IIb 可以互相轉換。僅需短短 10 ～ 12 週訓練，跑者無氧、易於疲勞的 IIb 型肌纖維便能轉換成有氧、抵抗疲勞的 IIa 型。這對於耐力型跑者來說可是大好消息，因為這顯示出：訓練能帶來實質生理變化，進而創造優勢、提升表現，這真是跑者 B 的一大希望。

表 2.2　I 型與 II 型肌纖維的比較

	I 型	IIa 型	IIb 型
短跑選手	20%	45%	35%
久坐不動者	40%	30%	30%
一般活動民眾	50%	40%	10%
中長距離跑者	60%	35%	5%
世界級馬拉松跑者	80%	20%	<1%

最大化利用肌纖維

儘管基因相當重要，訓練仍是預測跑步表現的重要指標。為了讓肌群在比賽日如預期般表現，你必須訓練它們以特定方式做出反應。這一切始於中樞神經系統神經元發出訊號，開始徵召慢縮肌做出動作。你在長跑過程中將持續倚賴慢縮肌，除了以下三種狀況：

· 提升速度的前後。

· 爬坡或遭遇其他環境阻力。

· 慢縮肌因使用時間過長而疲乏。

依照體能水準不同，有些跑者能以穩健的速度持續跑一小時，之後才開始徵召快縮肌，有些人則能撐上兩個小時。你可能在馬拉松的上半場僅動用到 I 型肌纖維，等到它們開始疲勞後，你的身體將開始徵召 IIa 型，也就是較大、有氧的快縮肌。若訓練得宜，你可能靠這類肌纖維便足以撐完全程。雖然 IIa 型不完全適合耐力型跑步，但它們仍是 I 型疲勞時的替代首選。當訓練不足的跑者被迫使用第三道防線（IIb 型）時，問題就嚴重了。請記住，IIb 型肌纖維力量雖大但易於疲勞。若你想靠這類肌纖維抵達終點線，下場肯定不會太好。

漢森馬拉松訓練法將教會你如何最大化利用 I 型與 IIa 型，而不須動用到 IIb 型肌纖維。雖然基因決定了你天生適合從事什麼樣的運動，但正確的訓練能幫助你發揮自己的最大潛能。不論你的 DNA 如何，我們將指引你一條通往成功的路。

最大攝氧量

若將肌纖維比作駕駛，那最大攝氧量（VO2max）便是持續扮演助攻角色的副駕。「VO2max」指的是「攝入氧氣的最大值」，定義是跑步時人體所能輸送與利用氧氣的最大能力。舉例而言，最大攝氧量為 50 毫升 / 公斤 / 分鐘，意味著「身體每公斤體重每分鐘能攝入 50 毫升氧氣」。一般來說，這個數值越高越好（是否需要進行檢

測，詳見第 56 頁的「教練 Q&A」）。最大攝氧量經常被視為衡量體能的最佳指標，但它無法百分百轉換為馬拉松表現。事實上，馬拉松菁英跑者的最大攝氧量經常略低於擅長 5 公里或 10 公里的菁英選手。儘管最大攝氧量並非預測馬拉松潛能的最重要指標，它仍扮演舉足輕重的地位。

最大攝氧量：身體攝入且能運輸氧氣給運動肌肉使用的最大速率。

氧氣經由血液運至肌肉，因此考量最大攝氧量時不得不提到心臟。如同骨骼肌，心肌同樣能透過訓練強化，使其打出更多血液並運送更多氧氣給肌肉。心臟適應訓練壓力的方式與腿部肌肉無異。耐力訓練會讓心臟產生生理適應效益，其四大優點詳述如下（請見圖 2.1）。

改善冠狀動脈循環：冠狀動脈負責供給心臟血液。循環能力改善，更多血液將送到心臟。

心室壁變厚，尤其是左心室：左心室打出血液運至全身。心室壁變厚、收縮力量變強，便能打出更多血液至動脈循環。

心室腔變大：這能讓更多含氧血儲存在心室，之後送至全身各處循環。

脈搏降低：心肌力量變強，要達到同樣效能的工作負擔自然降低。

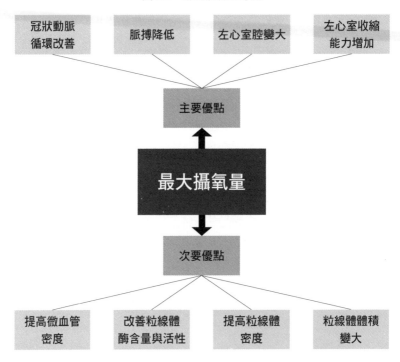

圖 2.1　耐力訓練的好處

簡言之，心臟能以更不費力、但更有力量的方式打出更多血液。由於心室腔經過訓練變大，得以容納更多血液，因此不論在任何配速下，心率都會降低，心血管系統變得更有效率、更健康。

心臟供應血液給身體，若它能更有效率地送出大量血液，血液裡的氧氣便能更快抵達跑步肌肉。此外，生理適應不只發生在心臟，血液也同樣獲得好處。研究顯示，耐力訓練能增加血液量。紅血球是最常見的血液細胞，它是人體輸送氧氣的主力。隨著耐力訓練展

開，紅血球容積比（hematocrit level，即紅血球在血液中的比率）開始降低。換言之，由於血液量增加、血液變得沒那麼黏稠，便能更輕易流動於心臟與動脈間，這就像是新機油與已行駛 1.5 萬英里舊機油間的差別。低的紅血球容積比意味著心血管系統的磨損也將隨之降低，原因在於，紅血球細胞隨著訓練變大，攜氧容量減損程度因此變小。當血漿總量增加，依照紅血球在血液中所占的比率來看，血球容積比是下降的，聽起來和攜氧能力變好的事實有些矛盾，但實際上，紅血球總數是增加的。請注意，總量才是關鍵。總量 100 個血球的 20％表示有 20 個紅血球，而 500 個血球的 15％看起來比例較低，實際上卻擁有 75 個紅血球。

透過耐力訓練，心臟將變得更強壯，血液供應更多、品質更好，但若肌肉無法好好利用送上門來的大量氧氣，一切都是枉然。體內氧氣送至肌肉的確切地點在微血管床（capillary bed），這裡是血管最末端。部分微血管床小到僅容許單個紅血球細胞通過並在此交付氧氣。紅血球也在此返程，回到心臟與肺部並重新裝載氧氣。在休息期間，大部分微血管床處於休眠狀態。但當你開始跑步時，微血管床便會開啟，讓肌肉接收供應量逐漸提升的氧氣，以滿足運動的需求。

最大攝氧量的相關訓練能帶來許多生理效益，但若肌肉無法利用這些變化，即使左心室變大、打出更多血液，整體來說也沒有太大的幫助。幸好，肌肉也能隨著心肺訓練而產生生理適應，這些適應變化如圖 2.1 所示，可說是耐力訓練帶來的次要好處，包含：

提高微血管密度：微血管密度提高，代表氧氣能在細胞間

移動更快、更有效率，使得運動肌肉得到所需氧氣並持續
動作。

改善粒線體酶含量與活性：不妨將酶想成是一種工具，能
降低反應發生所需的能量門檻，讓工作更輕鬆。酶的含量
增加、反應效率提高，能量產生越快。

提高粒線體密度：對粒線體而言，脂肪與碳水化合物是產
生能量的燃料。體內擁有越多粒線體，便能燃燒更多脂肪
作為燃料，以維持有氧強度。

粒線體體積變大：粒線體體積越大，越能消耗更多燃料。
如果我們能透過體積更大、數量更多的粒線體來代謝更多
脂肪，減少使用碳水化合物，將延後無氧系統（依賴碳水
化合物作為能量來源）的啟動時間。

　　我們的身體善於適應訓練，它竭盡所能地接受刺激、做出調整，
並越來越駕輕就熟。最大攝氧量是有氧潛能的極限，但它無法完全
決定馬拉松的最終表現。當有氧系統耗竭到底時，無氧系統便開始
支援。所以，決定馬拉松成績高低的，還有其他生理條件。

無氧閾值

　　馬拉松與長跑十分依賴有氧系統供應的氧氣。有氧系統比起無
氧系統效率更高、持續性也更好。雖然無氧系統充滿爆發威力，但
僅能支撐一小段時間，之後能量儲備便會耗盡，肌肉中開始堆積乳
酸，迫使跑者停下腳步。大眾對於乳酸誤解甚深，認為它是高強度

運動後的產物、引發疼痛與疲勞的元凶，但它其實是肌肉的能量來源之一，允許肌肉擠出最後一絲力氣。研究如今顯示，疲勞是其他生理現象所致。真正的凶手是電解質：鈉、鉀、鈣。這些電解質沿著肌肉排列，各自擁有電荷刺激肌肉收縮。歷經長時間高強度運動後，細胞外圍的鉀離子開始變多並阻礙通道，無法和細胞內鈉離子交換，使得肌肉收縮能力越來越弱，也就是「神經肌肉疲勞」，導致跑者放慢速度甚至停下腳步。

血乳酸不僅不如我們想像的邪惡，更在跑步過程中扮演重要角色。有氧系統能支持我們維持長時間適當的配速，原因在於乳酸不斷地生成與排除。然而，等到有氧系統疲勞或強度增加，身體將變得更依賴無氧系統，直到產生乳酸的速度高於排除速度，這便是所謂的「乳酸激增點」（onset of blood lactate），亦即乳酸開始在血液中大量堆積，又稱為「無氧閾值」或「乳酸閾值」。

無氧閾值極為重要，可說是預測耐力表現的最佳指標，通常出現於跑者最大攝氧量 60 ～ 90％的運動強度時。當運動強度接近最大攝氧量，血乳酸會開始大量堆積。以頂尖跑者來說，無氧閾值可能在最大攝氧量超過 70％時出現。最大攝氧量透過訓練能提升的幅度有限，無氧閾值可以成長的空間卻相對寬廣許多。菁英跑者最大攝氧量的數值往往非常接近，所以真正分出成績高下的關鍵便是無氧閾值。職業選手與休閒跑者先天最大的差異可能在於最大攝氧量，但真正決定誰是最後冠軍的，是無氧閾值。

無氧閾值：穩定配速下，乳酸開始大量堆積的運動強度。

馬拉松生理學

運動強度到達無氧閾值時，有氧系統仍能持續供應能量讓肌肉收縮，但供給速度不夠快，無法滿足全部的能量需求，此時無氧系統便會開始介入。我們可以經由訓練提高無氧閾值，透過訓練自己跑得更遠、更快，讓身體學著多依賴有氧系統、改善耐力並延遲乳酸激增點。漢森馬拉松訓練法與其他傳統訓練法最大的不同在於，我們教導你透過大量有氧訓練刺激有氧代謝，而非依賴無氧系統。

有氧閾值

我們談了許多關於能量系統的內容，你可能會好奇這些能量究竟來自於何處，簡單來說就是：脂肪與碳水化合物。作為馬拉松跑者，你應該專注於訓練身體使用脂肪作為能量的主要來源，因為每公克脂肪所能提供的能量較多，幾乎是碳水化合物的兩倍。人體僅能儲存少量碳水化合物供應快速的能量消耗，脂肪儲量卻幾乎無窮無盡。即使體脂極低，體內仍擁有充足的脂肪可作為燃料使用。唯一的問題是，脂肪氧化成能量的速度慢於碳水化合物。對於多數人而言，運動強度達到最大攝氧量50％之前，脂肪都是能量主要來源，因為此時粒線體分解脂肪的速度仍足以應付跑步需求。但對於多數跑者而言，50％最大攝氧量的跑步速度極為緩慢。超過50％臨界點後，不論是距離或強度增加，身體都將轉而依賴碳水化合物供能。由於脂肪無法在沒有氧氣的狀況下燃燒，因此身體開始燃燒碳水化合物的運動強度發生點便稱為「有氧閾值」。從圖2.2可看出，依照跑步強度不同，脂肪與碳水化合物供能比例的變化。

有氧閾值：脂肪與碳水化合物消耗速率約為一比一的運動強度。

　　速度提高時，身體傾向以碳水化合物（肝醣）作為能量來源，畢竟脂肪氧化速度太慢。但依賴肝醣儲備供能的壞處在於，最多只能撐兩個小時，等到肝醣耗盡，你便跑不下去了。當肝醣耗盡，身體會開始取用血液裡的葡萄糖，而血糖消耗得更快，這就是所謂的「撞牆期」。若你曾看過馬拉松賽事，應該看過跑者經歷撞牆的樣子，不論在隊伍前頭、後頭或中間都很常見，這群人像是腳上拖著300磅重的腳鐐在跑，腳步沉重無比。雖然撞牆期在過去被視為完賽必經階段，高明的訓練計畫能幫助你避免此狀況發生。關鍵在於增加燃脂時間，延後取用有限的碳水化合物儲備。

圖2.2　依強度不同，脂肪與碳水化合物供能比例變化

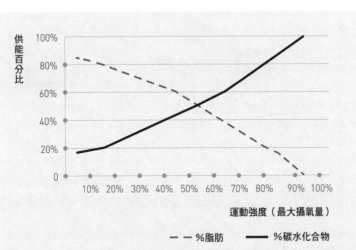

跑得越費力，就越依賴碳水化合物供能。當接近100%最大有氧能力時，碳水化合物成為唯一的能量來源，因此碳水化合物也成了運動持續時間與強度的限制因子。

馬拉松生理學

跑馬拉松的最佳配速，落在你的燃脂範圍裡。若你是新手跑者，範圍可能介於最大攝氧量的 50 ～ 60％；經過訓練的休閒跑者，範圍落在 55 ～ 65％；速度更快的跑者則介於 60 ～ 80％。

　　幸運的是，透過訓練，馬拉松新手能讓身體燃燒脂肪的時間更持久。燃脂速度無法透過訓練而改變，為了消耗更多脂肪，必須提高燃脂量。為了達到此目的，我們需要更多粒線體（如前所述，粒線體是細胞的發電廠）。跑步等有氧訓練有助於增加粒線體數量，從而提升粒線體酶活性並提供更多氧氣給身體。粒線體產生能量的速度不見得變快，但它們的體積會變大、數量會變多，讓脂肪氧化

圖 2.3　跑步機測試的最大攝氧量數據

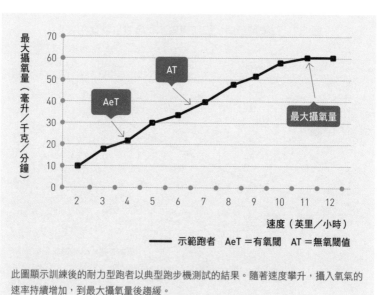

此圖顯示訓練後的耐力型跑者以典型跑步機測試的結果。隨著速度攀升，攝入氧氣的速率持續增加，到最大攝氧量後趨緩。

變成能量供肌肉收縮使用。當脂肪供應能量的總量增加，跑者便能延後動用肌肉裡的肝醣，保留作為加速之用，連帶使得撞牆期延後，幸運的話甚至能全身而退。

圖 2.3 與圖 2.4 足以佐證我們前述論點。圖 2.3 是經訓練後的耐力型跑者在跑步機上測量的最大攝氧量數據。可以發現，隨著運動強度提升，最大攝氧量也呈線性成長。各個閾值點出現時，斜率也跟著改變，第一個點是有氧閾值，第二個點是無氧閾值。圖 2.4 則是和 2.3 同一個跑步測試下的血乳酸變化。為血乳酸總量與測驗強度設定區間值並繪製成圖後，可以發現對應閾值發生的線性轉折點。

圖 2.4　乳酸產生與排除

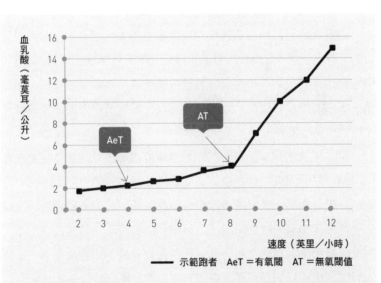

在同樣運動強度下，血乳酸測試裡的轉折點比最大攝氧量測試更明顯。在每小時 4 英里的速度下，血乳酸首次攀升，顯示身體更加依賴碳水化合物作為能量來源。在每小時 8 英里的速度下，血乳酸出現第二次大幅攀升，顯示乳酸移除速度趕不上生成速度。

馬拉松生理學

跑步經濟性

「跑步經濟性」是我們要告訴馬拉松跑者的最後一個生理詞彙，指的是跑特定配速時身體所需的氧氣量。試想，跑者 A 與跑者 B 的最大攝氧量同為 70 毫升／公斤／分鐘，跑者 B 在 55 毫升／公斤／分鐘時可以保持每英里 6 分 30 秒的速度，跑者 A 保持相同配速卻需要 60 毫升／公斤／分鐘的耗氧量。此時可以說跑者 B 的跑步經濟性較佳。更重要的，跑者 B 或許也跑得更快，圖 2.5 便是絕佳例證。

跑步經濟性：跑者在特定配速下所消耗的氧氣量，越少越好。

儘管大家對於跑步經濟性的成效意見不一，但有兩點是可以確定的。首先，跑步經濟性來自高訓練量。你不需要每週跑 140 英里，但跑量至少要足夠、符合訓練目標，並逐週、逐月與逐年提高訓練量。新手的跑步經濟性不如老鳥，同理，低跑量跑者的跑步經濟性往往低於高跑量者。

第二個決定跑步經濟性的因素是速度訓練。以某個特定配速進行訓練一段時間後，你在這個速度的跑步經濟性將會變好。由於我們的目標是提高比賽配速的跑步經濟性，所以必須花費足夠時間以此速度進行訓練。這也印證了為何跑者訓練時不該超過指定配速。訓練時超速代表你跑在超出當前體能足以負擔的訓練強度下，這樣的訓練無法達到訓練目標。舉例來說，輕鬆跑變成節奏跑，節奏跑變成強化跑，強化跑則成了速度跑。你可能一開始都能達到這些速

度，但依據過往經驗，多數人訓練時只要跑得太快，最終都落得過度訓練、疲累不堪或受傷的下場。若你認為自己應該以更快的配速進行訓練，請去跑一場馬拉松（或模擬賽事），確認自己足以朝著更高的目標邁進。

図 2.5　類似能力跑者最大攝氧量比較

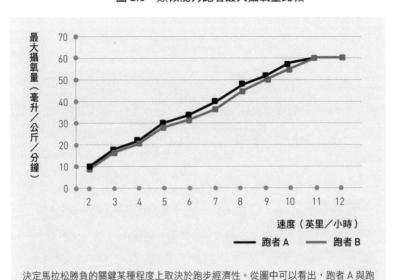

決定馬拉松勝負的關鍵某種程度上取決於跑步經濟性。從圖中可以看出，跑者 A 與跑者 B 有著相似的最大攝氧量，但跑者 B 在相同速度下消耗較少的氧氣。這代表跑者 A 跑步時較吃力，而這可能就是輸贏的差距所在。

以生理學為基礎的訓練法

若你能了解一個最佳訓練法及其涉及的生理因素，你便能理解每項訓練的背後原理。隨著肌纖維適應跑步壓力，跑者最大攝氧量

　　　　　　　　　　　　　　　　　　馬拉松生理學

獲得妥善運用、無氧閾值提高，在更高運動強度的燃脂能力也會跟著進步。透過持續、合宜的訓練，跑步經濟性最終得以提高。這一切起因於人體微小的生理變化：微血管增加，粒線體體積變大、數量變多，以及粒線體酶活性提高，讓身體在相同配速下消耗更少氧氣。這些因素在漢森馬拉松訓練法中都已獲得實踐，將幫助你跑出全馬最佳成績。

教練 Q&A

我該測試最大攝氧量嗎？

　　最大攝氧量是最常見的生理測驗，這個測驗通常也會一併測量你的有氧閾值、無氧閾值，以及相對應的心率數據等資訊。

　　測驗結果可以給你一些生硬的數據，但究竟該如何善用它呢？在多數情況下，你僅能知道這些數值是否有進步。問題在於大多數測試遵循一般規範，透過增加跑步機傾斜角度來提高運動強度，而非提高速度。這令我們難以推論出更重要的資料，也就是各項生理數值所對應的配速。

　　對我而言，這實在太可惜了。我希望旗下運動員能取得更實用的數據。很多人會說，若能測得（對應生理數值的）心率，便能將其用於訓練。這話當然沒錯，但仍有幾點值得思考。首

先，這類測試要求跑者拿出最大實力。你能夠一邊戴著面罩與呼吸管，一邊在跑步機上死命地跑嗎？這個測驗需要經過練習且難度極高。其次，這類測試通常在受控制的環境下（室內與跑步機）進行，取得的數據和真實環境跑步強度可能有落差。結論是，我會將這類測試當成眾多測驗的選擇之一，或是作為開始訓練前評估體能、訓練過程中評估進步幅度的參考。

若你決定接受測試，那麼建議你也測一下呼吸交換率（Respiratory Exchange Ratio）。此數據能讓你知道熱量來自於脂肪與碳水化合物的比例，以及你在特定運動強度下消耗多少熱量，讓你調整補給策略，甚至判斷配速目標是否過快。

總之，測量數據很有趣，但只有你最清楚自己的體能狀況。測試結果可以參考，但記得確認你拿到的是對的數據，盡信書不如無書。

馬拉松生理學

PART II——THE PROGRAM

第二部　計畫

第三章
訓練計畫要素

　　對於馬拉松訓練計畫最常見的誤解在於，只要每週跑 3 天，其中一天包含艱辛的 20 英里或更長距離，跑者便算是做足準備。聽起來很簡單，但實情是：該做的準備比這個多更多。所有的跑步訓練各有功用，長跑雖然十分關鍵，但也只是整個馬拉松訓練計畫的一部分。

　　漢森訓練計畫最有名的項目是「16 英里長跑」，以及每週安排 6 天訓練日，涵蓋數種類型的跑步訓練。有些人認為，這與市面上的課表差異過大。當我們承諾此計畫能幫助你跑出最佳成績時，部分跑者不禁露出懷疑表情。事實上，在本書第一版裡，我們分享了凱文太太利用此法成功征服馬拉松的故事，她一開始也抱持懷疑態度，

試圖證明此法無效。從那時起，我開始收到類似的信件回應，原本想諷刺說出「我早告訴你」的跑者，如今都感謝我們幫助他們改寫個人紀錄，同時坦承自己不該懷疑此法功效。寫這些故事並不是為了炫耀，而是希望證明成功的訓練法不只是每週跑個幾次加上一場長跑。雖然大家傾向將注意力放在我們的 16 英里長跑，但其實他們應該看清楚課表全貌。

本章節將拆解漢森訓練方法，探究只求完賽、新手與進階課表裡涵蓋的各個練習項目。我們的跑步練習分為兩類：輕鬆跑與素質練習。素質練習包括長跑、速度跑、強化跑與節奏跑（詳見圖 3.1）。每天的訓練安排都不一樣，讓你能練到不同身體系統，將馬拉松潛能發揮極致。

漢森訓練計畫的根本原則在於「超負荷」（overload），亦即：當身體參與破壞恆定狀態（內在平衡）的運動，某些復原機制會被觸發。如同先前的討論，各式訓練壓力令身體系統超出負荷，刺激生理變化。這些生理適應讓我們變得更強，下次遭遇相同壓力時，身體更能應對。這也是我們再三強調的「累加疲勞」原則發揮作用的地方，重點在於讓身體接受挑戰，但強度不能高到身體無法恢復（過度訓練）。

超負荷原則：頻繁接觸特定運動能提升某些生理功能，同時帶來訓練反應，讓你變得更強壯。

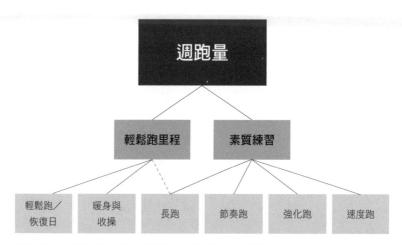

圖 3.1　週跑量的組成

這張圖顯示每週跑量涵蓋的各種訓練。長跑被歸類為素質練習，因為從定義來看，這類訓練比一般輕鬆跑更費力。但跑者仍以低於比賽的配速跑步，因此也算是輕鬆跑。

輕鬆跑

大家對於輕鬆跑有許多誤解。許多人認為，這不過是填充性質的垃圾跑量。有不少新手相信，輕鬆跑絕非必要、可有可無，因為它不會帶來任何實質好處。不要被騙了——輕鬆跑對於跑者能力的成長非常重要。這是個好消息，因為這意味著並不是每次跑步都得跑到筋疲力盡。輕鬆跑對身體帶來相對輕微的超負荷，能在不痛苦的情況下帶來諸多好處，同時比素質練習更快累積訓練量。它能讓身體持續處於輕微破壞狀態，除了避免受傷，也能強迫身體適應壓力、提升體能。

在進階課表的高峰週期間，我們安排每週跑量最高達 63 英里，其中 31 英里可被歸為輕鬆跑量，占比約 49%。圖 3.2 說明為何這類訓練要占週跑量將近一半。輕鬆跑極為重要，能帶來各式生理適應，包括刺激肌肉纖維發育、提高能量使用效率、增加微血管密度、強化心肺功能與身體結構。

図 3.2　輕鬆跑的好處

檢視過輕鬆跑帶來的好處之後，還認為它是垃圾跑量嗎？

輕鬆跑帶來的生理變化

談到輕鬆跑的重要性，必定得提及它對於肌纖維的影響。如第二章所述，雖然馬拉松潛能取決於父母遺傳的慢縮肌數量，訓練仍扮演極重要的角色。輕鬆跑徵召許多慢縮肌，因為這類肌纖維收縮

訓練計畫要素

門檻低於力量較強的快縮肌。所有肌肉都一樣，越使用就越發達。若慢縮肌能抵抗疲勞更久，跑者便能延後動用快縮肌。總之，輕鬆跑令慢縮肌更能抵抗疲勞，也讓快縮肌更具備慢縮肌的優點。

此外，擁有越多慢縮肌，身體越能有效利用脂肪作為能量來源。我們體內含有大量脂肪可供燃燒利用，但碳水化合物的供應量有限。燃燒脂肪（而非碳水化合物）的時間越長，越能延後肝醣耗盡與撞牆期出現時間。跑步強度不高時，燃燒約 70％脂肪與 30％碳水化合物。加快速度時，燃燒碳水化合物的比例隨之攀升。輕鬆跑就像是催化劑，不僅有助於慢縮肌發育，也讓身體習慣燃燒脂肪（而非碳水化合物）作為能量來源。慢縮肌燃脂效率高於快縮肌，因為前者含有更多粒線體、燃脂酶與微血管。

為了因應訓練時脂肪作為主要能量來源的需求，粒線體體積會變大、數量變多。研究指出，只要 6 至 7 個月的訓練，便能刺激粒線體積成長 35％、數量增加 5％，這對跑者來說可是件大好消息。隨著粒線體密度增加，身體能更有效率地燃脂。例如一年前在某個配速時燃燒約 60％脂肪，但透過訓練或許能將此占比提高至 70％，這是輕鬆跑訓練帶來的好處之一。

在輕鬆跑的幫助下，體內的燃脂酶水平會攀升。身體每個細胞都含有這種酶，靜待有氧運動加以「開啟」。這是身體最自然燃燒脂肪的方式，不需仰賴任何藥劑或特殊手術介入。這些酶讓脂肪得以進入血液並運至肌肉作為燃料。由於粒線體變多、燃脂酶增加，身體燃脂時間拉長，因此得以推遲撞牆期發生，讓你跑得更久。

輕鬆跑能促進微血管成長，這是另一個優點。跑步時需要大量血液將氧氣帶至全身，而透過訓練能讓肌肉裡的微血管數目增加。

經過幾個月的訓練後，微血管床能增加最多 40％。值得注意的是，慢縮肌比起快縮肌擁有更多微血管，因此能獲得更多氧氣。隨著肌肉裡的微血管密度變高，大量氧氣便能以更有效率的方式送達。

除了運動肌肉，輕鬆跑在其他部位也能帶來生理適應。如你所知，訓練量增加時，身體需要更多氧氣，而運送更多氧氣的方式是送出更多血液。經過幾個月（以輕鬆跑為主）的訓練後，跑者體內負責攜帶氧氣的血紅素（hemoglobin）會變多，血漿量會增加 35～40％。這不僅有助於輸送氧氣，更能載走新陳代謝的廢物。

輕鬆跑亦能對生理系統帶來某些結構性改變，有助於征戰馬拉松。但若心臟運送血液與氧氣的能力不佳，這些生理適應的效益便會大打折扣。與骨骼肌相同，訓練能讓你的心臟變強。精確來說，你的左心室會變大、變厚，腔室變大令心臟得以打出更多血液至動脈。這讓心臟不必跳動如此頻繁也能送出同等血量，不論是你在休息或運動時皆然。若比較訓練初始與結束後的心跳數據，你會驚訝於中間差別之大。這表示你的心血管系統運作，變得更有效率。

另一個重大的生理適應發生於跑步肌肉裡的肌腱。你也許已經知道，跑步時，身體承受著相當於體重數倍的重量，跑得越快，承受的重量越大。輕鬆跑緩慢地對肌腱與關節造成壓力，令它們慢慢適應更大衝擊，以便因應快跑需求。

總的來說，經由輕鬆跑刺激而產生的生理適應，令跑者得以提升最大攝氧量、無氧閾值與跑步經濟性。快速的無氧跑步對於肌肉有氧能力與耐力幫助有限，大量輕鬆跑卻能迅速提升有氧能力。不論是想強化心臟能力、運輸更多氧氣至運動肌肉，或單純希望在某個速度下跑得更久，在訓練中加入大量輕鬆跑都是必要的。

代謝效率與輕鬆跑？

代謝效率（Metabolic efficiency, ME）是最近非常流行的詞彙，但它到底是什麼意思呢？基本上，它指的是身體在適當時刻使用脂肪與碳水化合物作為能量來源的能力。透過這個重要指標，可以檢測在跑步強度變高時身體燃脂與保留碳水化合物的效率。簡言之，代謝效率越高，便消耗越多脂肪，各種速度皆然。

代謝效率低，表示在低強度跑步時消耗太多碳水化合物。這完全和我們想達成的目標相反。代謝效率低，會讓我們即使在一般速度下仍無法跑得很久，因為體內碳水化合物儲備消耗的速度遠高於脂肪。

從圖 3.3 可知，兩名能力不同的跑者代謝效率有落差，這些數據是在他們測量最大攝氧量時取得的。圖表顯示，代謝效率低與疲勞提早發生密切相關。跑者 A 就像是教科書範例，展示了最好的能量運用方式。他在跑步強度低時以燃脂為主，隨著強度增加，才越來越依賴碳水化合物。在測驗的最後，他以最大攝氧量的配速在跑步，碳水化合物幾乎成為全部的能量來源。跑者 B 截然不同，他的訓練不足、偶爾才練跑。缺乏有氧訓練的結果，導致他在低強度時便依賴碳水化合物作為主要能量來源。隨著他接近甚至超越比賽配速，跑步強度變更高時，此數值只有增加更多。總言之，跑者 A 保留碳水化合物儲備，

跑者 B 則快速消耗碳水化合物。結果就是，跑者 B 必須持續補充大量碳水化合物，否則勢必被迫放慢速度。

輕鬆跑能幫上什麼忙？

研究顯示，輕鬆跑能協助跑者提高代謝效率。有一份研究試圖探討，當運動強度變高時，脂肪酸動員率與脂肪使用率有何變化。研究結果顯示出，接受 12 週耐力訓練後，脂肪與碳水化合物占總能量來源的比例變化。在最大攝氧量 64％的速度時，受試者脂肪使用占比從 60％升至 65％。這樣的增幅看似不大，但換個角度來看：假設你每跑 1 英里消耗 100 大卡熱量，其中 40 卡來自碳水化合物。代謝率提高時，你每英里僅需消耗 35 卡碳水化合物，兩者相差 5 卡，全馬 26.2 英里就少消耗約 132 卡肝醣，再將此數值除以 35 卡便得出 3.79 英里。換言之，在未補充能量膠與運動飲料的情況下，代謝效率提高便足以讓你多跑大約 4 英里。

該研究也指出，透過 12 週強度介於最大攝氧量 65 ～ 85％間的耐力訓練，有助於大幅提升脂肪作為能量來源的能力。而最大攝氧量 65％正好是輕鬆跑的費力程度。

輕鬆跑是垃圾跑量嗎？絕非如此，數據說明一切。

訓練計畫要素

圖 3.3　兩名跑者的代謝效率比較

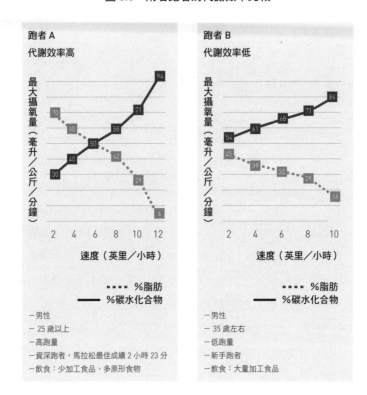

跑者 A
代謝效率高

跑者 B
代謝效率低

最大攝氧量（毫升／公斤／分鐘）

速度（英里／小時）

- - - - ％脂肪
——— ％碳水化合物

－男性
－ 25 歲以上
－高跑量
－資深跑者，馬拉松最佳成績 2 小時 23 分
－飲食：少加工食品、多原形食物

－男性
－ 35 歲左右
－低跑量
－新手跑者
－飲食：大量加工食品

輕鬆跑準則

　　輕鬆跑最常見的定義是：跑步持續時間介於 20 分鐘至 2.5 小時，強度維持在最大攝氧量 55 ～ 75％。由於大部分的跑者都沒測過最大攝氧量，因此最好採用每英里配速的方法。漢森訓練法對於輕鬆跑的配速原則為：輕鬆跑配速應比馬拉松比賽目標配速（每英里）慢

1～2分鐘。若比賽目標配速為每英里8分鐘，輕鬆跑配速應介於9～10分。輕鬆跑是訓練計畫不可或缺的一部分，但切記別跑得過於輕鬆。若配速過慢，只是白白賺累的而已，不會帶來實質的有氧助益。可以參考112頁的表3.5訓練配速表。

輕鬆跑配速分成「快速」（每英里較比賽配速慢1分鐘）與「慢速」（每英里慢2分鐘）兩種。暖身與收操算在慢速一端。慢速輕鬆跑可作為休息與快速輕鬆跑的過渡，也很適合安排在素質練習的隔天。比如你排定週日長跑、週二強化跑，那週一便可安插慢速輕鬆跑，確保身體的恢復足以應付週二的挑戰。新手跑者可透過慢速輕鬆跑安全地累積跑量。進階跑者則較能應付快速輕鬆跑，即使前一天安排素質練習也不怕，對他們來說，節奏跑隔天與長跑前一天很適合安排這類輕鬆跑。

不論是新手跑者或尋求突破的老鳥，堅守計畫都是不變的道理。事實上，你可以盡情享受輕鬆跑的日子，一邊欣賞風景或與友人閒聊，一邊讓身體產生一連串生理適應。結束美好且放鬆的跑步後，你的身體將做足準備，迎接下一次的素質練習挑戰。

表3.1示範如何將輕鬆跑排進訓練課表。這個表格取自新手課表的7～9週。你會發現，我們在一週內安排了各式各樣的訓練。週一排定5～7英里輕鬆跑，夾在週二速度跑與週日長跑之間。週五也是輕鬆跑，安排在週四節奏跑之後。輕鬆跑很容易因拿捏不當、累加疲勞而導致過度訓練，因其前後通常排定素質練習。這種情況常見於訓練計畫剛開始時，因為興奮的跑者經常超過配速規定。請記住，這個階段不該擔心跑步速度，雙腿感受才是關鍵。

週六輕鬆跑的配速則較為彈性。若覺得狀況不錯，你可以跑在

　　　　　　　　　　　訓練計畫要素

速度區間高端。在輕鬆跑配速範圍裡，身體都會產生代謝適應，但若你總習慣跑太快，受傷風險將會大增，因此務必調整步伐。從表格中亦可得知，你不可能無限地加碼訓練。若想持續進步，應多安排一天輕鬆跑於週三休息日，或提升輕鬆跑的跑量，而不該加快跑步速度。你應該有注意到，在漢森訓練法架構下的跑量高峰週中，里程最主要的來源就是輕鬆跑。

表 3.1　如何將輕鬆跑排入課表

週日	週一 *	週二	週三	週四	週五 *	週六 **	週跑量
長跑 10 英里	輕鬆跑 6 英里	速度跑	休息	節奏跑 5 英里	輕鬆跑 5 英里	輕鬆跑 6 英里	43 英里
長跑 10 英里	輕鬆跑 5 英里	速度跑	休息	節奏跑 8 英里	輕鬆跑 6 英里	輕鬆跑 5 英里	45 英里
長跑 15 英里	輕鬆跑 7 英里	速度跑	休息	節奏跑 8 英里	輕鬆跑 5 英里	輕鬆跑 8 英里	54 英里

* 週一與週五配速應謹慎合理安排
** 週六可考慮跑在快速輕鬆跑的配速區間

素質練習

長跑

　　比起其他訓練，長跑總能獲得跑者更多的關注。它儼然變成一種體能指標，跑者之間也常以長跑的表現來相互比較。令人訝異的是，市面上多數關於如何執行長跑的建議卻充滿誤導。結束低跑量

週後，有些訓練計畫會建議跑者應開始累人的長跑，而這往往弊大於利。這類計畫大多每週訓練 3 天，20 英里長跑通常安排在最後。這樣的課表不僅讓受傷機率大增，更容易讓跑者感到挫折。長跑頓時變成跑者總是全力以赴、卻難以跨越的關卡，沒人知道自己是否能成為難關下的倖存者。雖然大量理論與實務經驗反對這種訓練方法，市面上仍充斥「跑者應進行 20 英里（甚至更長距離的）長跑」的建議。20 英里已經成了神奇數字，罔顧跑者能力與目標的現實差距。無數跑者透過這套課表順利抵達終點，但本訓練法提供給你另一種選擇（詳見圖 3.4）。我們不僅能讓你享受訓練，更能讓你以最有效率的方式駕馭馬拉松。

我們的長跑訓練方式看似激進，但背後確有其理論與實務根據。在閱讀運動科學文獻後，參考凱文兄弟教導菁英跑者的經驗，並親自嘗試的過程中，我發現修正根深蒂固的舊有訓練觀念有其必要性（特別是關於長跑）。結果就是，我們的標準課表裡最長訓練距離僅 16 英里。如同凱文與凱斯所言，我們試圖模擬「馬拉松最終的 16 英里，而非開頭的 16 英里」。換言之，我們追求的是跑者體驗跑馬拉松時疲勞累積的感受，但雙腿不至於全然癱瘓。跑者不該花整週時間從累人的長跑中恢復，而該為未來的長距離練習和比賽打下良好基礎。

看看我們的進階課表（詳見 138 頁的表 4.4），週日安排的是 16 英里長跑。這天以前，週四是節奏跑，週五與週六是輕鬆跑。長跑前不會排定休息日，因為輕鬆跑便能讓身體恢復。沒有任何一個訓練會耗盡能量儲備或令雙腿疲乏，你將因此感受到累加疲勞的效果。這樣的計畫能讓身體部分恢復，又不至於使長跑時的腳步全然輕快。

週日長跑後，週一安排輕鬆跑，週二強化跑。這樣的課表看似艱難，但長跑的配速與距離是依照你的能力與經驗而定，不讓身體恢復過多，有其訓練上的必要性。

圖3.4　長跑的好處

長跑帶來的生理變化

　　長跑帶來生理與心理上的好處，許多好處也和輕鬆跑相仿。在心理層面，長跑幫助你在每週提升跑量過程中逐漸累積信心。它有助於培養完成耐力賽事所需的技能，也能教導你如何在不完美的狀態堅持下去。你不可能知道馬拉松賽事那天會出現什麼突發狀況，因此這樣的能力更顯重要。最明顯的好處則在於生理適應層面，包

括最大攝氧量提升、微血管加速成長與心臟變得更加強壯等。此外，長跑也能訓練身體善用脂肪作為能量來源。透過長跑訓練，讓身體適應並學習儲存更多肝醣，讓你在疲憊之前跑得更遠。

　　除了改善肌肉能量儲備，長跑亦能提升肌力。身體在長跑過程中首先使用的是慢縮肌，但當這類肌纖維疲憊時最終仍得依賴快縮肌。訓練快縮肌的唯一方法就是盡可能跑久一點，讓慢縮肌先疲勞。全面強化各種肌纖維，才能在比賽日避免撞牆期出現。長跑將帶來許多生理適應，其中大多數你應該不陌生，畢竟它們與輕鬆跑的好處高度重疊。

長跑準則

　　知名跑步學者與教練傑克・丹尼爾斯（Jack Daniels）博士的忠告，為我們的長跑準則提供理論基礎。根據他的見解，不論 5 公里或全馬訓練，長跑絕不能超過每週跑量的 25 ～ 30%。他還建議長跑時間應限制在 2.5 ～ 3 小時之間，因為超過這個時間並沒有辦法帶來生理好處，還可能導致跑者過度訓練、受傷與倦怠。

　　喬治亞州立大學跑步學者與美國國家隊顧問戴夫・馬丁（Dave Martin）博士的標準更為嚴格，他認為長跑應介於 1.5 至 2 小時之間。他建議菁英跑者可跑 18 ～ 25 英里，而這個等級的跑者通常能在 3 小時以內跑完 25 英里。這個論述凸顯了長跑配速的重要。同是美國國家教練與科學家的喬・維吉爾（Joe Vigil）博士建議，跑者應逐漸增加長跑距離，直到時間達 2 ～ 3 小時為止。菁英跑者在 3 小時內跑完 25 英里，初階跑者要完成同等距離則要花上 3.5 小時，兩者帶來的生理適應並不相同。

　　　　　　　　　　　　　　　　　　　　　訓練計畫要素

南非學者與經典跑步書籍作家蒂姆‧諾克斯（Tim Noakes）博士認為，持續至少 2 小時、輕鬆至中等程度（最大攝氧量 70～85％）的長跑，會消耗跑者體內最多肝醣量。運動科學家大衛‧科斯蒂爾（David Costill）亦指出，2 小時長跑會讓肌肉肝醣減少最多50％。這種肝醣消耗速度在比賽日是可接受的，但這在訓練期間會帶來反效果，因為跑者將需要高達 72 小時的恢復時間。當能量儲備減少，你可能因疲憊不堪暫停訓練，或勉強訓練而導致受傷。我們不想看到訓練成效打折，也不願隨意指派 20 英里長跑，因此重點將放在長跑占總跑量的百分比與耗費時間。雖然我們建議長跑最多別超過 16 英里，實際距離仍得看你的週跑量與長跑配速而定。這與市面上的課表大不相同，我們並非隨意決定長跑數據，而是有科學實證支持。

長跑的目的：獲得生理適應或死命苦撐？

休閒跑者常被告知要從事 20 英里以上長跑才足夠，這有助於做好征服馬拉松的心理準備。我能理解這個論點，但不禁懷疑這樣做是否值得。1985 年，有學者針對 40 名接受訓練、剛完成馬拉松賽事的男性進行調查。結果發現，所有人的腿部肌肉都出現損傷，這相當合理。真正令人驚訝的是，他們的粒線體與微血管也受傷了。一週後，他們的肝醣恢復至正常水平，但這些傷害仍在。過了 8 週後，證據顯示損傷仍未復原。若你

在準備階段跑了好幾次 20 英里長跑，你的腿部可能也承受了類似傷害。粒線體與微血管狀態好壞，對於馬拉松表現相當重要。若持續傷害它們，究竟是在提高生理適應，還是賠上先前幾個月的訓練成果？若持續耗損下去，那我們只是在熬過一次又一次的長跑，受傷機率也因此大增。將長跑距離縮短一點，並不會影響訓練效益。訓練是為了獲得生理適應好處，而不是死命苦撐下去。

誠如諾克斯所言，教練普遍同意長跑不應超過週跑量的 25 ～ 30％。即使如此，市面上許多訓練計畫並不遵循此準則，畢竟長跑是提高跑量的最快方法。比方說，新手課表高峰週跑量最高達 40 ～ 50 英里，一次長跑就占了 20 英里。長跑經常安排在休息日與輕鬆跑中間，但這掩蓋不了長跑占週跑量 50％的事實。請參考表 3.2，你便能知道如何根據每週跑量訂出長跑距離。

表 3.2　依週跑量決定的長跑距離

	週跑量的 25%	週跑量的 30%
40 英里／每週	10 英里	12 英里
50 英里／每週	12.5 英里	15 英里
60 英里／每週	15 英里	18 英里
70 英里／每週	17.5 英里	21 英里

從以上數據可知，馬拉松訓練意義重大，不該隨性安排或有勇無謀。這也凸顯了市面上許多課表完全背離長跑宗旨。就算是新手跑者或跑量不高者，長跑距離也該隨之調整。週跑量 80 英里與 40 英里的跑者，兩者合適的長跑距離必然不同。

除了考慮長跑距離，跑者也必須選擇合適的配速以獲得最大好處。每個人跑步速度都不同，根據配速調整長跑距離相當合理。研究顯示，長跑最好介於 2 ～ 3 小時，超過這個時間，肌肉將開始損耗。請看表 3.2，便能根據配速推估完成 16 與 20 英里長跑的時間。

從表 3.3 可知，每英里跑 7 分鐘的跑者，2 小時內能完成 16 英里長跑，每英里跑 11 分鐘的跑者則須耗費近 3 小時。換言之，每英里跑 9 分鐘以上的跑者不應挑戰 20 英里，因為跑步時間會超過 3 小時，而這正是 16 英里派上用場的地方。據本訓練法的跑量準則，16 英里長跑能兼顧跑量占比與時間長度兩項要求。

表 3.3　依配速而定的長跑時間

配速	16 英里	20 英里
7 分鐘／英里	1 小時 52 分	2 小時 20 分
8 分鐘／英里	2 小時 8 分	2 小時 40 分
9 分鐘／英里	2 小時 24 分	3 小時
10 分鐘／英里	2 小時 40 分	3 小時 20 分
11 分鐘／英里	2 小時 56 分	3 小時 40 分
12 分鐘／英里	3 小時 12 分	4 小時

我該如何安排長跑配速？

　　我們經常指導跑者在長跑的過程維持輕鬆至中等配速。最好將長跑看成是較長距離的素質練習，而不是高跑量的輕鬆跑。若你是馬拉松新手，適應較長距離時可能習慣採取偏慢的速度，這樣的錯誤很常見。至於進階跑者，隨著肌肉適應這類耐力運動帶來的壓力，他們應維持中等速度。請參考第 112 ～ 113 頁的表 3.5 決定你的配速。避免過多長跑，才能收穫滿滿又不至於訓練過度。

速度跑

　　馬拉松訓練因速度跑而變得更有趣。我們口中的「速度跑」，指的是反覆的間歇訓練，要求你以高強度跑某個距離數趟，每趟之間穿插休息。這種訓練方式除了有助於身體產生前述某些生理適應，同時能讓你在心理上習慣艱辛的練習。輕鬆跑帶來的壓力通常不大，速度跑則需要認真看待、全力以赴。速度跑的優點之一是讓你學會自律（詳見圖 3.5）。即使前一天熬夜，你隔日清晨仍能完成輕鬆跑，速度跑則沒那麼容易。若想跑好速度跑，建議注重飲食、睡眠充足。每一分犧牲與自律，都將換來十分的收穫。你完成的速度訓練就像是銀行裡的存款，讓你在馬拉松最艱難的時刻得以提取運用。

有些跑者從來不做或甚少從事速度跑。若你剛接觸馬拉松運動，跑速度跑的配速僅略高於其他訓練，那你就犯了多數人都會犯的錯。幸好，我們提供了速度跑的入門指南，不論你的目標為何，我們都能協助你執行這些較為艱苦的訓練。當你學會如何適當地執行速度跑後，你的訓練將從漫無目標變成按部就班。速度跑亦能幫助你預測馬拉松實力。透過速度跑的幫助，你能成功跑完 5 或 10 公里等較短距離的高強度跑步，這些成績也可用於推估你的馬拉松完賽時間（詳見 163 頁的表 6.1）。此外，速度跑也能幫助你找出跑步動作與身體素質的缺點，讓你得以及早因應。

图 3.5　速度跑的好處

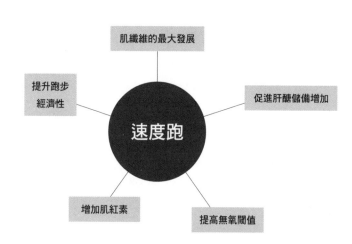

令人驚訝的是，進階跑者也會犯下和新手一樣的錯誤——忽視速度跑的重要性。比如有些跑者一年內跑了兩或三場賽事，因表現無法突破而向我們求助。訓練方式沒變，當然無法提升完賽成績。仔細探究他們的跑步史，不難發現共同點：即使跑過多場賽事，卻完全沒做速度訓練，只把訓練重點放在長跑、節奏跑與恢復上。事實上，速度跑與其他訓練同樣重要，它能持續對身體系統帶來壓力，要求生理適應不同強度與距離。

速度跑帶來的生理變化

　　速度訓練的最大受益者是運動肌肉。速度跑不僅能最大程度地啟動慢縮肌以供應有氧能量，同時有利於中間肌發展。速度跑能促使慢縮肌發揮最大有氧能力，而當這類肌纖維疲累時，它也能訓練中間肌迅速介入。當肌肉協調性變好，跑步經濟性也會提高。從輕鬆跑到速度跑，這些訓練都能刺激生理適應，進而提升跑步經濟性，也就是身體在一定速度下利用氧氣的效率。請記住，跑步經濟性比起最大攝氧量更能預測馬拉松表現。跑步經濟性越高，馬拉松表現越好。

　　速度跑帶來的另一項生理適應，在於肌紅素（myoglobin）增加。研究顯示，增加肌紅素的最好方法是透過高強度跑步（超過 80％最大攝氧量）。血紅素負責在血液中攜帶氧氣，肌紅素則協助將氧氣運至肌肉及裡頭的粒線體。在肌紅素的幫忙下，攜氧量變多，便能因應微血管密度變高、粒線體變多的氧氣需求。

　　速度跑這類高強度運動亦能提高無氧閾值。簡言之，重複性的間歇訓練將讓你一舉兩得，能同時提高無氧閾值與最大攝氧量。最

訓練計畫要素

後，由於速度跑課表包括接近（但未超過）100％最大攝氧量的高強度跑步，跑者的肝醣儲備很快便會耗盡。事實上，在從事這類訓練時，肝醣負責供應九成能量，而這促使肌肉產生適應並儲存更多肝醣以備不時之需。

速度跑準則

你應該有注意到，我們將速度跑放在課表前頭，後面則安排較多針對馬拉松的訓練，這似乎與循序漸進加強體能的主張有所違背。但跑者若能以正確配速執行速度跑，安排在訓練前便無傷大雅。如同其他訓練，正確配速對於速度跑相當重要。許多教練談到速度跑時，是指以最大攝氧量100％的配速跑步。以實際狀況來說，以此配速跑步時，通常僅能維持 3 ～ 8 分鐘。若是新手，3 分鐘比較合理，但菁英跑者或許有辦法持續到 8 分鐘。以最大攝氧量100％以上的速度跑步，可能導致肌肉分解，強迫身體轉而依賴無氧能量來源。這不僅對於無氧系統帶來過大壓力，更讓身體無法產生有利於馬拉松賽事的有氧適應。在我們的訓練計畫裡，速度跑以 5 公里與 10 公里跑步表現作為依據，而這些比賽的時間都超過 3 ～ 8 分鐘。當你在跑這些距離時，通常配速介於 80 ～ 95％最大攝氧量之間，而非100％。在這樣的強度之下，跑步速度不會快到讓你嚴重酸中毒（acidosis，血液乳酸過高導致肌肉 pH 值下降）。與其他訓練計畫不同，我們要求你以略低於 100％最大攝氧量的配速完成速度跑，目的在於刺激身體產生最多的生理適應。若你跑得太快，不僅好處盡失，也可能受傷。

教練 Q&A

為何速度跑安排在訓練計畫前頭？

與比賽最相關的訓練應盡可能依照賽事來模擬。基於這個理由，若你正為 5 公里賽事做準備，速度當然要接近比賽速度。但若你從事的是馬拉松訓練，間歇跑對於模擬馬拉松倒數 4 英里的感受並沒有太多實質意義。

此外，將速度跑安排在計畫前頭，可以讓跑者先跑一些較短距離，再過渡至馬拉松專項訓練。速度依照比賽距離而定，通常會安排 10 公里配速，比傳統 5 或 10 公里訓練慢。在這個配速之下，速度跑不會像追求 5 公里最佳成績那樣辛苦。

除了配速，每趟速度跑持續時間也很關鍵，最好介於 2 ～ 8 分鐘。若時間過短，跑在目標強度的時間不足，這趟等於白跑。若時間過長，乳酸持續堆積，將導致過度疲憊，無法以目標配速完成訓練。結論就是，速度跑持續時間應視你的能力與經驗調整。以 400 公尺速度跑訓練為例，每趟持續約 2 分鐘，此安排或許適合新手，但老鳥可能以快上 25% 的時間完成，如此對生理產生的刺激與訓練效益相對較少。

訓練計畫要素

　　間歇跑每趟之間的休息時間（間休時間）也是速度跑的另一重點，確保你獲得充分休息，得以完成下一趟速度跑。一般來說，間休時間約為速度跑持續時間的 50 ～ 100%。假設你每趟持續時間是 2 分鐘，間休時間就該介於 1 ～ 2 分鐘中間。但我們更傾向在速度跑訓練初期安排新手更長的恢復時間，讓他們能撐完訓練。隨著訓練經驗增加、跑者能力變強，間休時間便能縮短。談到恢復一事，正如凱文兄弟所說：「若你在速度跑的間休時間喘到無法慢跑，那你就是跑太快了！」這個經驗法則屢試不爽。速度跑訓練設計宗旨在於，讓跑者在目標強度範圍內累積跑步時間。若第一趟跑太快，以致間休時間無法慢跑，下一趟可能就無法維持目標配速。速度跑總跑量最少應達 3 英里，不包括暖身、收操與每趟中間的休息時間。

若無法完成至少 3 英里的跑量,就是跑得太快、超出能力範圍,身體也無法獲得前述的特定生理適應。

本訓練法的速度跑課表,如後面表格所列。一開始從較短持續時間(10～12 趟 400 公尺)開始,逐漸提高至較長的持續時間(4 趟 1,200 公尺與 3 趟 1,600 公尺)。達到最高等級(從最短至最長持續時間)後,你便可以自由挑選適合自己的速度跑訓練。

若你剛接觸速度跑,我們強烈建議你參加當地跑步社團。教練與前輩的跑步經驗豐富,能幫助你少走點冤枉路。現在這個階段,不妨多利用標出距離、地面平坦的操場練習速度跑。

下方列出進階課表的速度跑規畫,新手課表的安排類似,但速度跑訓練較少。對於只求完賽的跑者,課表完全沒排定速度跑。請參考後面表格,來決定適合你的速度跑配速。先找出 5 或 10 公里目標配速,盡可能維持這個配速跑速度跑。請切記,所有訓練都應包含 1.5～3 英里的暖身與收操。

第一週:400 間歇

第二週:600 間歇

第三週:800 間歇

第四週:1 公里間歇

第五週:1,200 公尺間歇

第六週:階梯式訓練(參考 90 頁)

第七週:1,600 公尺間歇

第八／九週:800～1,600 公尺間歇

解碼速度跑術語

2-mile WU
6×800m @ 5K pace with 400-m jog recovery
2-mile CD
資深跑者與田徑老鳥對於這些術語應該不陌生，但對於沒跑過速度跑的人來說，這簡直是外星語言。讓我們為你拆解如下：

2-mile WU：2 英里持續輕鬆跑作為暖身（Warm Up, WU），讓身體為正式訓練做好準備

6*800m @ 5K pace with 400-m jog recovery：以 5 公里目標配速跑 800 公尺，之後以輕鬆跑速度跑 400 公尺作為恢復（中間不能停止或走路）。在輕鬆跑後，以 5 公里配速再跑 800 公尺，之後再輕鬆跑 400 公尺，直到重複 6 次為止。

2-mile CD：2 英里持續輕鬆跑作為收操（Cool Down, CD），讓雙腿緩慢放鬆。

注：暖身與收操各 1.5 ～ 3 英里。

速度跑

400 公尺間歇

12 趟 400 公尺、400 公尺慢
跑恢復

所有訓練皆應包含暖身與收操（各
1.5～3 英里）

5 公里目標時間	10 公里目標時間	400 公尺配速
15:30	32:30	1:15
16:00	33:35	1:18
16:30	34:40	1:20
17:00	35:45	1:23
17:30	36:50	1:25
18:00	37:55	1:28
18:30	39:00	1:30
19:00	40:05	1:33
19:30	41:10	1:35
20:00	42:15	1:38
20:30	43:20	1:40
21:00	44:25	1:43
21:30	45:30	1:45
22:00	46:35	1:48
22:30	47:40	1:50
23:00	48:45	1:53
23:30	49:50	1:55
24:00	50:55	1:58
24:30	52:00	2:01
25:00	53:05	2:03
25:30	54:10	2:06
26:00	55:15	2:08
27:00	57:25	2:13
28:00	59:45	2:18
29:00	62:05	2:23
30:00	64:25	2:28

速度跑

600 公尺間歇

8 趟 600 公尺、400 公尺慢
跑恢復

所有訓練皆應包含暖身與收操（各
1.5～3 英里）

5 公里目標時間	10 公里目標時間	600 公尺配速
15:30	32:30	1:52
16:00	33:35	1:55
16:30	34:40	1:59
17:00	35:45	2:03
17:30	36:50	2:06
18:00	37:55	2:10
18:30	39:00	2:14
19:00	40:05	2:18
19:30	41:10	2:21
20:00	42:15	2:25
20:30	43:20	2:29
21:00	44:25	2:33
21:30	45:30	2:36
22:00	46:35	2:40
22:30	47:40	2:44
23:00	48:45	2:48
23:30	49:50	2:51
24:00	50:55	2:55
24:30	52:00	2:59
25:00	53:05	3:03
25:30	54:10	3:06
26:00	55:15	3:10
27:00	57:25	3:17
28:00	59:45	3:23
29:00	62:05	3:30
30:00	64:25	3:36

速度跑

800 公尺間歇

6 趟 800 公尺、400 公尺慢
跑恢復

所有訓練皆應包含暖身與收操（各
1.5～3 英里

5 公里目標時間	10 公里目標時間	800 公尺配速
15:30	32:30	2:30
16:00	33:35	2:35
16:30	34:40	2:40
17:00	35:45	2:45
17:30	36:50	2:50
18:00	37:55	2:55
18:30	39:00	3:00
19:00	40:05	3:05
19:30	41:10	3:10
20:00	42:15	3:15
20:30	43:20	3:20
21:00	44:25	3:25
21:30	45:30	3:30
22:00	46:35	3:35
22:30	47:40	3:40
23:00	48:45	3:45
23:30	49:50	3:50
24:00	50:55	3:55
24:30	52:00	4:00
25:00	53:05	4:05
25:30	54:10	4:10
26:00	55:15	4:15
27:00	57:25	4:25
28:00	59:45	4:35
29:00	62:05	4:45
30:00	64:25	4:55

訓練計畫要素

速度跑

1 公里間歇

6 趟 1 公里、400 公尺慢跑
恢復

所有訓練皆應包含暖身與收操（各
1.5～3 英里）

5公里目標時間	10公里目標時間	1公里配速
15:30	32:30	3:06
16:00	33:35	3:12
16:30	34:40	3:18
17:00	35:45	3:24
17:30	36:50	3:30
18:00	37:55	3:36
18:30	39:00	3:42
19:00	40:05	3:48
19:30	41:10	3:54
20:00	42:15	4:00
20:30	43:20	4:06
21:00	44:25	4:12
21:30	45:30	4:18
22:00	46:35	4:24
22:30	47:40	4:30
23:00	48:45	4:36
23:30	49:50	4:42
24:00	50:55	4:48
24:30	52:00	4:54
25:00	53:05	5:00
25:30	54:10	5:06
26:00	55:15	5:12
27:00	57:25	5:24
28:00	59:45	5:36
29:00	62:05	5:48
30:00	64:25	6:00

速度跑

1,200 公尺間歇

4 趟 1,200 公尺、400 公尺慢
跑恢復

所有訓練皆應包含暖身與收操（各
1.5 ～ 3 英里）

5 公里目標時間	10 公里目標時間	1,200 公尺配速
15:30	32:30	3:42
16:00	33:35	3:50
16:30	34:40	3:57
17:00	35:45	4:05
17:30	36:50	4:12
18:00	37:55	4:20
18:30	39:00	4:27
19:00	40:05	4:35
19:30	41:10	4:42
20:00	42:15	4:50
20:30	43:20	4:57
21:00	44:25	5:05
21:30	45:30	5:12
22:00	46:35	5:20
22:30	47:40	5:27
23:00	48:45	5:35
23:30	49:50	5:42
24:00	50:55	5:50
24:30	52:00	5:57
25:00	53:05	6:05
25:30	54:10	6:12
26:00	55:15	6:20
27:00	57:25	6:36
28:00	59:45	6:51
29:00	62:05	7:07
30:00	64:25	7:23

訓練計畫要素

速度跑

階梯式訓練間歇

400 公尺 − 800 公尺 − 1,200
公尺 − 1,600 公尺 − 1,200
公尺 − 800 公尺 − 400 公尺、
400 公尺慢跑恢復

所有訓練皆應包含暖身與收操（各
1.5 ～ 3 英里）

5 公里目標時間	10 公里目標時間	400 公尺配速
15:30	32:30	1:15
16:00	33:35	1:18
16:30	34:40	1:20
17:00	35:45	1:23
17:30	36:50	1:25
18:00	37:55	1:28
18:30	39:00	1:30
19:00	40:05	1:33
19:30	41:10	1:35
20:00	42:15	1:38
20:30	43:20	1:40
21:00	44:25	1:43
21:30	45:30	1:45
22:00	46:35	1:48
22:30	47:40	1:50
23:00	48:45	1:53
23:30	49:50	1:55
24:00	50:55	1:58
24:30	52:00	2:01
25:00	53:05	2:03
25:30	54:10	2:06
26:00	55:15	2:08
27:00	57:25	2:13
28:00	59:45	2:18
29:00	62:05	2:23
30:00	64:25	2:28

800 公尺配速	1,200 公尺配速	1,600 公尺配速
2:30	3:42	5:00
2:35	3:50	5:10
2:40	3:57	5:20
2:45	4:05	5:30
2:50	4:12	5:40
2:54	4:20	5:50
2:59	4:27	6:00
3:04	4:35	6:10
3:09	4:42	6:20
3:14	4:50	6:30
3:19	4:57	6:40
3:24	5:05	6:50
3:29	5:12	7:00
3:34	5:20	7:10
3:39	5:27	7:20
3:44	5:35	7:30
3:49	5:42	7:40
3:54	5:50	7:50
3:59	5:57	8:00
4:04	6:05	8:10
4:09	6:12	8:20
4:14	6:20	8:30
4:25	6:36	8:50
4:35	6:51	9:10
4:45	7:07	9:30
4:55	7:23	9:50

訓練計畫要素

速度跑

1,600 公尺間歇

3 趟 1,600 公尺、600 公尺慢
跑恢復

所有訓練皆應包含暖身與收操（各
1.5～3 英里）

5 公里目標時間	10 公里目標時間	1,600 公尺配速
15:30	32:30	5:00
16:00	33:35	5:10
16:30	34:40	5:20
17:00	35:45	5:30
17:30	36:50	5:40
18:00	37:55	5:50
18:30	39:00	6:00
19:00	40:05	6:10
19:30	41:10	6:20
20:00	42:15	6:30
20:30	43:20	6:40
21:00	44:25	6:50
21:30	45:30	7:00
22:00	46:35	7:10
22:30	47:40	7:20
23:00	48:45	7:30
23:30	49:50	7:40
24:00	50:55	7:50
24:30	52:00	8:00
25:00	53:05	8:10
25:30	54:10	8:20
26:00	55:15	8:30
27:00	57:25	8:50
28:00	59:45	9:10
29:00	62:05	9:30
30:00	64:25	9:50

強化跑

經過幾週速度跑訓練後，你的肌肉纖維與生理系統應該已經適應良好，可以接受更針對馬拉松比賽的訓練了。當我們將強化跑加入課表時，訓練目標便從提升最大攝氧量與無氧閾值，轉為維持最大攝氧量，同時讓身體做好準備以因應馬拉松跑步帶來的疲勞（見圖3.6）。你會發現，強化跑開始後，節奏跑與長跑的比重也會增加。這個階段，跑者所做的一切都是在為馬拉松做準備。

我們口中的強化跑，並不是指健身房高強度的重量訓練，而是一種重視強度（更勝於跑量）的跑步類型，目標在於以高強度刺激有氧系統。速度跑距離較短，以避免乳酸堆積；強化跑則在適量乳酸堆積下，強迫跑者適應更長距離。

強化跑帶來的生理變化

隨著訓練時間增加，強化跑能提高無氧能力，讓身體得以容忍更多乳酸堆積，同時在更高強度下產生較少乳酸。在訓練初期，你的身體可能因乳酸堆積而停擺運作，但強化跑能幫助肌肉學會克服乳酸堆積帶來的不適並持續運作。強化跑亦能訓練運動肌肉移除乳酸的能力，同時提高你的跑步經濟性，讓你出一樣力氣卻使用更少氧氣。強化跑也有助於你「部分運用最大攝氧量」（fractional utilization of maximal capacity）。以實際情況來說，這能讓你以更快速度跑得更久，進而提高無氧閾值。對於馬拉松而言，這意味著跑者能留存更多肝醣、維持適當配速更久，同時延後疲勞發生。

這些生理適應全起因於心室腔變大。與其他較輕鬆的訓練相比，強化跑期間心臟跳動更快、力量更大。雖然強化跑的絕對強度不如

速度跑，但它是以相對高的強度維持更長時間。結果就是心肌變強、腔室變大，而這意味著心搏量（stroke volume，每次心跳從左心室打出的血量）提高。這帶來的好處是，更多的血液與氧氣將輸送至運動肌肉。強化跑也有助提高中間肌纖維的氧化能力。這些肌肉在更快跑步速度下產生較少乳酸，而產生的乳酸則回收成為可用燃料。最終的結果是，較快速度的跑步（特別是接近無氧閾值）變得沒那麼吃力，你的跑步經濟性提高、耐力增加。

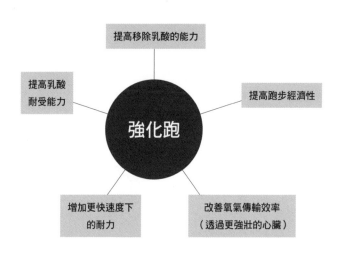

圖 3.6　強化跑的好處

強化跑準則

對於多數跑者而言，強化跑強度大約介於最大攝氧量 60 ～ 80％ 之間，這意味著速度慢於速度跑。但速度跑的距離較短（如 3 趟 1,600

公尺）、恢復時間中等，而強化跑跑量加倍（如高強度持續跑 6 英里）、恢復時間短了許多。強化跑每英里配速應比馬拉松比賽目標配速快 10 秒。若你馬拉松配速是每英里 8 分鐘，那強化跑配速就該是 7 分 50 秒。跑者速度越快，這個配速就越接近半馬配速，但對於新手來說，這個配速介於全馬與半馬配速之間。這樣的配速似乎只快了一些，但若從馬拉松完賽時間來看，這樣的速度差距可就不小。舉例來說，若你的馬拉松目標配速是每英里 8 分鐘，完賽時間將是 3 小時 30 分。如果改成 7 分 50 秒配速，看起來每英里只快了 10 秒，卻能在 3 小時 25 分達陣。速度變快會讓乳酸大量增加。強化跑或許強度不是那麼強，但總訓練量加上較短的恢復時間，便足以刺激乳酸累積並帶來生理適應好處。請參考表 3.4 強化跑指引。

表 3.4　強化跑指引

配速	每英里配速比馬拉松目標配速快 10 秒
恢復時間	比速度跑短
每趟跑量	每趟 1～3 英里
總跑量	以強化跑配速跑 6 英里

　　間休在強化跑扮演極為關鍵角色。為了讓乳酸維持一定水平，間休時間僅能占每趟強化跑持續時間的一部分。以 6 趟 1 英里強化跑訓練、0.25 英里慢跑恢復為例。若每趟強化跑是以配速 8 分鐘完成，那 0.25 英里慢跑便應介於 2 分 30 秒至 3 分鐘之間，時間不到每趟強化跑時間的 50%。這些強化跑強度沒那麼高，你可能壓抑不住超過

訓練計畫要素

指定配速的衝動，但請切記，你想獲得的生理適應是跑在指定配速下（而非超過）才會產生。

強化跑要跑的距離很長。當你穿好裝備後，不妨選擇標有距離的自行車道從事訓練。操場當然也可以，只不過訓練過程可能有些乏味、受傷風險也較高。別忘了，所有訓練都要包含 1.5 ～ 3 英里的暖身與收操。

強化跑

6 趟 1 英里

6 趟 1 英里配速快 10 秒、0.25
英里慢跑恢復

所有訓練皆應包含暖身與收操（各
1.5 ～ 3 英里

全馬目標時間	半馬目標時間	每英里配速
2:28	1:14:00	5:30
2:33	1:16:30	5:40
2:38	2:17:00	5:50
2:42	1:21:00	6:00
2:46	1:23:00	6:10
2:50	1:25:00	6:20
2:55	1:27:30	6:30
2:59	1:29:30	6:40
3:03	1:31:30	6:50
3:08	1:34:00	7:00
3:12	1:36:00	7:10
3:17	1:38:30	7:20
3:21	1:40:30	7:30
3:25	1:42:30	7:40
3:30	1:45:00	7:50
3:34	1:47:30	8:00
3:38	1:49:00	8:10
3:43	1:51:30	8:20
3:47	1:53:30	8:30
3:51	1:55:30	8:40
3:56	1:58:00	8:50
4:00	2:00:00	9:00
4:04	2:02:00	9:10
4:09	2:04:30	9:20
4:13	2:06:30	9:30
4:18	2:09:00	9:40
4:22	2:11:00	9:50
4:26	2:13:00	10:00
4:31	2:15:30	10:10
4:35	2:17:30	10:20
4:39	2:19:30	10:30
4:48	2:24:00	10:50
4:53	2:26:30	11:00
4:57	2:28:30	11:10
5:01	2:30:30	11:20

訓練計畫要素

強化跑

4 趟 1.5 英里

4 趟 1.5 英里配速快 10 秒、
0.5 英里慢跑恢復

所有訓練皆應包含暖身與收操（各
1.5 ～ 3 英里

全馬目標時間	半馬目標時間	1.5 英里配速	每英里配速
2:28	1:14:00	8:15	5:30
2:33	1:16:30	8:30	5:40
2:38	2:17:00	8:45	5:50
2:42	1:21:00	9:00	6:00
2:46	1:23:00	9:15	6:10
2:50	1:25:00	9:30	6:20
2:55	1:27:30	9:45	6:30
2:59	1:29:30	10:00	6:40
3:03	1:31:30	10:15	6:50
3:08	1:34:00	10:30	7:00
3:12	1:36:00	10:45	7:10
3:17	1:38:30	11:00	7:20
3:21	1:40:30	11:15	7:30
3:25	1:42:30	11:30	7:40
3:30	1:45:00	11:45	7:50
3:34	1:47:30	12:00	8:00
3:38	1:49:00	12:15	8:10
3:43	1:51:30	12:30	8:20
3:47	1:53:30	12:45	8:30
3:51	1:55:30	13:00	8:40
3:56	1:58:00	13:15	8:50
4:00	2:00:00	13:45	9:00
4:04	2:02:00	14:00	9:10
4:09	2:04:30	14:15	9:20
4:13	2:06:30	14:30	9:30
4:18	2:09:00	14:45	9:40
4:22	2:11:00	15:00	9:50
4:26	2:13:00	15:15	10:00
4:31	2:15:30	15:30	10:10
4:35	2:17:30	15:45	10:20
4:39	2:19:30	16:00	10:30
4:48	2:24:00	16:30	10:50
4:53	2:26:30	16:45	11:00
4:57	2:28:30	17:00	11:10
5:01	2:30:30	17:15	11:20

強化跑

3 趟 2 英里

3 趟 2 英里配速快 10 秒、0.5 英里慢跑恢復

所有訓練皆應包含暖身與收操（各 1.5～3 英里）

全馬目標時間	半馬目標時間	2 英里配速	每英里配速
2:28	1:14:00	11:00	5:30
2:33	1:16:30	11:20	5:40
2:38	2:17:00	11:40	5:50
2:42	1:21:00	12:00	6:00
2:46	1:23:00	12:20	6:10
2:50	1:25:00	12:40	6:20
2:55	1:27:30	13:00	6:30
2:59	1:29:30	13:20	6:40
3:03	1:31:30	13:40	6:50
3:08	1:34:00	14:00	7:00
3:12	1:36:00	14:20	7:10
3:17	1:38:30	14:40	7:20
3:21	1:40:30	15:00	7:30
3:25	1:42:30	15:20	7:40
3:30	1:45:00	15:40	7:50
3:34	1:47:30	16:00	8:00
3:38	1:49:00	16:20	8:10
3:43	1:51:30	16:40	8:20
3:47	1:53:30	17:00	8:30
3:51	1:55:30	17:20	8:40
3:56	1:58:00	17:40	8:50
4:00	2:00:00	18:00	9:00
4:04	2:02:00	18:20	9:10
4:09	2:04:30	18:40	9:20
4:13	2:06:30	19:00	9:30
4:18	2:09:00	19:20	9:40
4:22	2:11:00	19:40	9:50
4:26	2:13:00	20:00	10:00
4:31	2:15:30	20:20	10:10
4:35	2:17:30	20:40	10:20
4:39	2:19:30	21:00	10:30
4:48	2:24:00	21:40	10:50
4:53	2:26:30	22:00	11:00
4:57	2:28:30	22:20	11:10
5:01	2:30:30	22:40	11:20

訓練計畫要素

強化跑

2 趟 3 英里

2 趟 3 英里配速快 10 秒、0.5
英里慢跑恢復

所有訓練皆應包含暖身與收操（各
1.5 ～ 3 英里

全馬目標時間	半馬目標時間	3 英里配速	每英里配速
2:28	1:14:00	16:30	5:30
2:33	1:16:30	17:00	5:40
2:38	2:17:00	17:30	5:50
2:42	1:21:00	18:00	6:00
2:46	1:23:00	18:30	6:10
2:50	1:25:00	19:00	6:20
2:55	1:27:30	19:30	6:30
2:59	1:29:30	20:00	6:40
3:03	1:31:30	20:30	6:50
3:08	1:34:00	21:00	7:00
3:12	1:36:00	21:30	7:10
3:17	1:38:30	22:00	7:20
3:21	1:40:30	22:30	7:30
3:25	1:42:30	23:00	7:40
3:30	1:45:00	23:30	7:50
3:34	1:47:30	24:00	8:00
3:38	1:49:00	24:30	8:10
3:43	1:51:30	25:00	8:20
3:47	1:53:30	25:30	8:30
3:51	1:55:30	26:00	8:40
3:56	1:58:00	26:30	8:50
4:00	2:00:00	27:00	9:00
4:04	2:02:00	27:30	9:10
4:09	2:04:30	28:00	9:20
4:13	2:06:30	28:30	9:30
4:18	2:09:00	29:00	9:40
4:22	2:11:00	29:30	9:50
4:26	2:13:00	30:00	10:00
4:31	2:15:30	30:30	10:10
4:35	2:17:30	31:00	10:20
4:39	2:19:30	31:30	10:30
4:48	2:24:00	32:30	10:50
4:53	2:26:30	33:00	11:00
4:57	2:28:30	33:30	11:10
5:01	2:30:30	34:00	11:20

節奏跑

　　絕大多數的長距離跑者都曾接觸過節奏跑，這是所有耐力訓練計畫的重點項目。節奏跑的定義有很多種，但在本訓練法裡，節奏跑就是馬拉松配速跑。這類訓練幫助你體會在不同狀況下維持馬拉松配速的感受。在訓練過程中，節奏跑將持續好幾個月，你必須在不同挑戰與狀態下維持比賽配速。

　　掌握配速是訓練最困難的地方。若你在起跑時感到活力充沛，導致每英里配速快上 30 秒，那你很可能中途就跑不下去。沒有任何馬拉松紀錄是在前段加速（positive split，前半段比後半段快）情況下打破的。簡言之，若你想跑好馬拉松，那最好全程維持穩定速度，而不是火力全開。節奏跑能教你控制這個重要技巧。即使你覺得配速過於輕鬆，節奏跑依然能訓練你克制並維持配速。此外，節奏跑提供了絕佳機會，讓你練習如何在跑步過程中補充水分、能量膠與其他營養品。由於你是以比賽配速在跑步，你將清楚知道自己身體能承受多大強度。節奏跑也能讓你嘗試各式跑鞋與運動服，以決定哪些最合適比賽。除了訓練，這些周邊細節也將決定你的馬拉松成敗。而節奏跑提供一個讓你調整比賽當天規畫的絕佳機會。

節奏跑帶來的生理變化

　　節奏跑能改善耐力，這點與輕鬆跑、長跑一樣。節奏跑速度快於輕鬆跑，但它仍在無氧閾值之下，提供許多相同的生理適應。長節奏跑帶來的好處也與長跑類似，因為兩者刺激有氧系統的方式相近。從生理學觀點來看，節奏跑能大幅提高你在比賽目標配速下的跑步經濟性。這可以帶來許多好處，其中最明顯的是長跑耐力增強。

圖 3.7　節奏跑的好處

> 有助你掌握比賽配速

> 教你控制並
> 維持配速

節奏跑

> 增強耐力

> 提供嘗試補充水分、
> 營養與裝備的機會

> 提高目標配速下的
> 跑步經濟性

　　節奏跑擁有許多與強化跑一樣的好處，但前者沒有中間休息，因此少了間休恢復帶來的助益。此外，節奏跑的速度慢於強化跑，因此帶來更多有氧適應，這些好處與長跑類似。節奏跑能訓練身體燃脂能力，它的跑步強度足夠刺激有氧系統跟進運作，又不至於讓粒線體與肌肉纖維無法產生適應。

　　隨著訓練時間拉長，節奏跑能幫助你判斷你訂的馬拉松目標是否適當。你在速度跑與強化跑練習中可以「偽裝」能力，因為這些訓練距離相對短，中間有恢復時間。但節奏跑沒有休息，若你在長距離節奏跑無法維持正確配速，你很可能在比賽過程中也無法做到。

　　節奏跑帶來最棒的好處，或許是讓你透過反覆嘗試找到比賽配速。你的身體會慢慢記住這個配速在不同氣候狀況下的感覺，包括酷暑寒冬、颱風下雨等，這在比賽當天能發揮極大效用。當跑者無

法辨別自己是否跑在目標配速時,十分之九是跑得太快,等於為馬拉松賽事埋下失敗的種子。找到你的配速,記住它的感覺,這是馬拉松成敗關鍵所在。

節奏跑準則

在漢森馬拉松訓練法中,節奏跑是以比賽目標配速完成。其他教練安排的節奏跑距離短上許多、配速接近強化跑,但對我們而言,節奏跑與馬拉松配速是一樣的。千萬別草率應對「看似輕鬆」的節奏跑,因為這不僅會讓生理適應好處大減,更導致你無法學會耐心與掌握配速。你必須經過許多次節奏跑才能完全掌握配速、憑感覺調整步伐。在訓練過程中,節奏跑距離會慢慢增加,每隔幾週調整一次,新手從 4 英里開始,進階跑者則從 5 英里起,最後幾週提高至 10 英里。進階跑者最大跑量加上暖身與收操可達 12 ～ 14 英里,跑步時間約 90 分鐘(詳見後面表格)。

當我們把節奏跑體現在長跑裡時,原本的 16 英里會比原來艱難許多,這正是本訓練法應用「累加疲勞」法則的最佳範例。我們不想讓你在長跑時腳步輕快、毫無負擔,反而要讓你體驗馬拉松最後 16 英里的感受,而節奏跑正是讓你感受雙腿疲勞的絕佳方式。

訓練計畫要素

新手課表節奏跑規畫

週數	距離
前五週	少量
三週	5 英里
三週	8 英里
三週	9 英里
三週	10 英里

進階課表節奏跑規畫

週數	距離
前二週	少量
三週	6 英里
三週	7 英里
三週	8 英里
三週	9 英里
三週	10 英里

節奏跑

5 ～ 10 英里

所有訓練皆應包含暖身與收操（各1.5 ～ 3 英里

全馬目標時間	半馬目標時間	馬拉松／節奏跑配速
5:00:00	2:24:00	11:27
4:45:00	2:17:00	10:52
4:30:00	2:10:00	10:18
4:15:00	2:02:00	9:44
4:00:00	1:55:00	9:09
3:55:00	1:53:00	8:58
3:50:00	1:50:00	8:46
3:45:00	1:48:00	8:35
3:40:00	1:45:00	8:23
3:35:00	1:43:00	8:12
3:30:00	1:41:00	8:01
3:25:00	1:38:00	7:49
3:20:00	1:36:00	7:38
3:15:00	1:33:30	7:26
3:10:00	1:31:00	7:15
3:05:00	1:29:00	7:03
3:00:00	1:26:00	6:52
2:55:00	1:24:00	6:40
2:50:00	1:21:30	6:29
2:45:00	1:19:00	6:18
2:40:00	1:17:00	6:06
2:35:00	1:14:00	5:55
2:30:00	1:12:00	5:43
2:25:00	1:09:30	5:32
2:20:00	1:07:00	5:20
2:15:00	1:04:45	5:09
2:10:00	1:02:30	4:57

訓練計畫要素

訓練如何配速

　　為了幫助你更了解不同訓練該採取何種配速，我們製作圖 3.8 供你參考。圖中對角線代表示範跑者的最大攝氧量。最左邊區域是輕鬆跑（Easy），低於有氧閾值。它是最大也是速度最慢的區域。旁邊區域是長跑（L），代表跑者長跑時應跑的最快速度，也是新手輕鬆跑時最快速度。中間區域（T）代表節奏跑理想配速，亦即馬拉松配速。它高於有氧閾值但低於無氧閾值。強化跑（St）區域則位於「乳酸」區域最高端，所有強化跑都應略低於無氧閾值。最後則是速度跑（Sp）區域，代表速度跑訓練配速落點，亦即略低於最大攝氧量。

圖 3.8　配速 vs. 強度

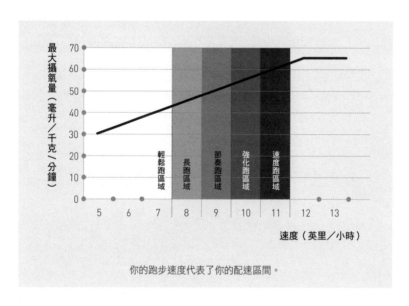

你的跑步速度代表了你的配速區間。

認識這張圖後，你便能知道為何跑超過指定配速會有不良影響。當你跑得太快，不僅錯失這些訓練能帶給你的生理適應，也會增加疲勞程度。總之，安排配速是有道理的。有些跑者會覺得配速在扯他們後腿，但實情是：適當的配速能讓你進步。學著放下「多多益善」心理，專注於每項訓練的特定目標。

賽前減量

　　我們很難勸別人少跑一些，但適時減少跑量與強度確實是訓練計畫的一部分。舉例來說，訓練計畫展開兩週後，你感到疲憊不堪，但我們並不建議你休息一天並減少當週跑量。這樣的時間點不合適，它違背累加疲勞原則。但當訓練來到後期，你的目標是從所有訓練中恢復，同時維持過去幾個月來的進步，此時才是減少訓練量的絕佳時機，有助於提升你的馬拉松表現。

　　許多跑者在減量時期經常犯下一項錯誤，那就是他們減掉太多東西，包括跑量、訓練、強度與輕鬆跑。我們曾教過你，必須循序漸進增加訓練，同樣地，你也不能一下子砍光訓練。當跑者減量太多、速度過快時，他們身體倦怠疲勞的程度，可能更勝於訓練高峰時間。你可不想在最重要的比賽日，身體比訓練時期還疲勞，而適當減量可避免此情況發生。漸進式減量，能讓你在比賽日以最佳狀態登場。

　　素質練習約需 10 天才能看到生理進步。你沒聽錯，想從艱苦訓練中獲得任何助益，至少需一週以上的時間。若你仔細觀察我們的課表，你會發現，最後一個素質練習被我們安排在賽事 10 天前。若

安排太近的話，不僅好處盡失，也會讓你在比賽當日更疲勞。此外，我們在課表最後一週會將總跑量減少約 55％。跑者每週訓練天數不變，但跑量降低。為何要維持同樣訓練天數呢？凱文與凱斯如此比喻，每天習慣睡 6 小時的人，有天突然睡了 12 小時。就算他睡得不錯，隔天仍會頭腦昏沉。這就像是習慣每週跑六天的跑者，突然改成跑三或四天，會對身體會造成衝擊。若你減少跑量但維持每天跑步，便會減少調整的變項數量。在頻率、跑量與強度裡，我們僅減少後面兩項。市面上其他課表砍掉過多訓練，減量時間甚至長達 2至 4 週，導致跑者失去辛苦得來的生理效益。我們將減量時間縮至 10 天，便能減少前述情況發生機率，同時給予跑者充分時間休息並恢復。

從生理學的觀點來說，賽前減量與累加疲勞原則相輔相成。這也是我們課表的設計宗旨，讓你在賽事前 10 天才真正完全恢復。在過去幾個月的訓練中，你的身體恢復不完全，因此一些好的荷爾蒙、酵素與機能遭到壓抑，疲勞卻不斷累積。在減量期間，由於訓練強度與跑量減少，這些功能得以恢復變強，而疲勞得以完全消除，讓身體做好創下最佳成績的準備。我們總是提醒跑者，千萬別小看減量的威力。若你擔心無法以節奏跑配速跑完全程，那我可以告訴你：減量能讓你的成績提升 3％，這可是 4 小時與 3 小時 53 分完賽的差別。如果我是你，會非常樂見個人成績快 7 分鐘。

訓練強度表

表 3.5 依照馬拉松目標時間列出每英里配速，可作為你在各式訓

練該跑多快的參考。關於輕鬆跑的配速,請參見「輕鬆有氧A」與「輕鬆有氧B」欄位。長跑速度區間高端列在「適度有氧」欄。旁邊是節奏跑(也就是馬拉松配速)速度參考。「強化跑」顧名思義,列出的是強化跑配速,10公里與5公里欄位則是速度跑專用。提醒一下,你自己實際跑出5或10公里的成績會比表格列出的更準確。若你曾跑過這些賽事,那請用自己完賽時間作為速度跑參考。此表旨在提供訓練指引,幫助你鎖定目標並透過訓練獲得適當生理適應。

對於心率訓練的想法

漢森訓練法並未安排心率訓練。我們並不反對,基本上,我們傾向將所有方法視為「工具」,包括GPS監測裝置、強化跑與跑鞋等,心率也在其中。但過度專注於某項工具,可能導致訓練失衡。你當然可以將心率指標加進課表裡,但它不該成為定義速度跑、強化跑、節奏跑甚至長跑強度的主要依據。在漢森訓練法中,配速才是王道。

我們相當重視配速(而非心率),整個訓練計畫依比賽目標配速而設計。在本訓練法中,輕鬆跑配速低於比賽配速、重點在於累積跑量。節奏跑就是馬拉松配速跑,而強化跑速度高於比賽配速。接受我們指導的學員,他們內心大多設有目標,像是取得波士頓馬拉松資格、通過奧運選拔,或是突破個人佳績等。跑在比賽配速中相當重要,若你跑不到這個配速,那根本不可能達到你的完賽目標。仔細想想,維持最大心率75%或每英里8分鐘配速,哪個能幫助你通過波士頓馬拉松報名門檻?恕我直言,我沒看過有人跨越終點線時,口中喊的是:「太好了!我心跳次數低於150下!」

若你真心覺得心率訓練有其必要，那我們給你幾個建議。

確實掌握最大心跳率。當你測試最大攝氧量時，不妨一起檢測閾值心率區間。現成的最高心率（HRmax）公式（220－你的年齡）只能大略估算，準確性待商榷。測試能讓你準確掌握此數據。

不要過度專注於心率，所有工具都有用處。舉例來說，買一隻具備監測心率功能的 GPS 手表，可以幫你省掉很多麻煩。若你希望節奏跑維持每英里 8 分鐘配速，那得知你平常在這類練習時的心跳區間會很有用。若你發現心跳突然加快，這可能是生病緣故或其他因素。不妨使用手邊一切工具，其中包括你的本能反應，來判斷自己是否訓練過度。過度依賴心率數據，可能讓你忽略其他因素。切記別「見樹不見林」。

我們通常利用心率來評估強度以及監控是否過度訓練。在這方面，心率或許提供一些有用資訊，但我們要看的是長期趨勢，而非每日變化。若要採用心率數據，不妨將它當作監控配速的輔助工具，讓你得知自己體能是否能承受此速度。我們並不建議你每天配戴心率監測器或 GPS 手表。但對於新手來說，他們不知道的事太多：速度過快或過慢？什麼樣的速度算快或慢？我有進步嗎？這些使用心率作為參考指標的理由都很合理，因為他們可以透過監測心率獲得回饋。但千萬不要過度依賴，這會妨礙你傾聽身體反應的能力。

訓練計畫要素

表 3.5 訓練配速

馬拉松目標時間	恢復跑	輕鬆有氧 A	輕鬆有氧 B	適度有氧／長跑
5:00:00	14:22	13:32	12:41	12:16
4:45:00	13:43	12:55	12:05	11:41
4:30:00	13:02	12:16	11:28	11:05
4:15:00	12:22	11:38	10:52	10:29
4:00:00	11:42	11:00	10:15	9:53
3:50:00	11:15	10:34	9:51	9:29
3:45:00	11:01	10:21	9:39	9:18
3:40:00	10:48	10:08	9:27	9:06
3:35:00	10:34	9:55	9:14	8:53
3:30:00	10:19	9:41	9:02	8:42
3:25:00	10:06	9:28	8:49	8:29
3:20:00	9:53	9:16	8:38	8:18
3:15:00	9:38	9:02	8:25	8:05
3:10:00	9:25	8:49	8:13	7:54
3:05:00	9:11	8:36	8:01	7:42
3:00:00	8:57	8:23	7:48	7:29
2:55:00	8:43	8:10	7:36	7:17
2:50:00	8:28	7:56	7:23	7:05
2:45:00	8:15	7:43	7:11	6:53
2:40:00	8:00	7:30	6:58	6:41
2:35:00	7:46	7:17	6:46	6:29
2:30:00	7:32	7:03	6:34	6:17
2:25:00	7:18	6:50	6:21	6:05
2:20:00	7:03	6:36	6:08	5:52
2:15:00	6:49	6:23	5:56	5:40
2:10:00	6:35	6:09	5:43	5:28

馬拉松配速 / 節奏跑	強化跑	10 公里配速	5 公里配速
11:27	11:17	10:30	10:04
10:52	10:42	9:58	9:34
10:18	10:08	9:27	9:04
9:44	9:34	8:55	8:33
9:09	8:59	8:24	8:03
8:46	8:36	8:03	7:43
8:35	8:25	7:52	7:33
8:23	8:13	7:42	6:58
8:12	8:02	7:31	6:50
8:01	7:51	7:21	7:03
7:49	7:39	7:10	6:53
7:38	7:28	7:00	6:43
7:26	7:16	6:49	6:33
7:15	7:05	6:39	6:23
7:03	6:53	6:28	6:12
6:52	6:42	6:18	6:02
6:40	6:30	6:07	5:52
6:29	6:19	5:57	5:42
6:18	6:08	5:46	5:32
6:06	5:56	5:36	5:22
5:55	5:45	5:25	5:12
5:43	5:33	5:15	5:02
5:32	5:22	5:04	4:52
5:20	5:10	4:54	4:42
5:09	4:59	4:43	4:32
4:57	4:47	4:33	4:22

訓練計畫要素

第四章
漢森訓練計畫

　　儘管這些年來漢森訓練法做了一些修改，但本書的訓練計畫仍與凱文兄弟 1990 年代研發時相當類似。這對兄弟打造本計畫時（也就是現在的「漢森馬拉松訓練法」），他們心中想的是一般跑者的需求，希望能提供給他們市面課表以外的其他選擇。從那時候起，許許多多的跑者運用這套計畫成功征服馬拉松，不僅證明凱文兄弟指導有方，更顯現此計畫成效卓越。漢森馬拉松訓練法經得起時間考驗，其他計畫則遭到無情淘汰。

　　在本章中，我們將介紹只求完賽、新手與進階三種課表。請仔細閱讀後，依照你的能力與經驗選擇最適合的課表。累積跑量、訓練歷程、個人目標與比賽經驗，都是你在做選擇時應優先考量的因

素。不論選擇什麼課表，乖乖按表操課有助於你達成馬拉松目標，這是漢森訓練法推出 20 年來許多前輩的經驗分享。

只求完賽課表

· 對於以下需求，只求完賽課表會適合你：

· 你的目標只是抵達終點（比賽表現不是重點）

· 你是跑步新手

· 你沒跑過馬拉松

· 你沒接受過跑步訓練（如素質練習）

· 你渴望一個簡單有效的課表，幫助你完賽

當凱文與凱斯剛開始研發訓練計畫時，一般民眾為了樂趣跑馬拉松的情況並不普遍。從 1990 年到 2014 年，跑馬拉松的人數翻倍成長。不僅如此，跑步市場的人口組成也出現極大變化，從小眾、菁英跑者為主逐漸變成全民運動，涵蓋不同年齡、能力與目標的人。我們樂見這樣的改變，但也不禁思考，如何確保本訓練法能顧及更多人的需求。我們捫心自問：到底該如何調整訓練方法與原理，才能滿足「為慈善而跑」與「只想將馬拉松從人生遺願清單中劃掉」兩種族群的需求。基於此想法，我們以新手課表作為範本，另行研發只求完賽課表（詳見第 130 頁表 4.2），專門服務只想跨越終點線（而非追求成績）的人。但完賽課表並不輕鬆，跑者仍得付出許多心力。

我們一開始想的是，到底阻礙民眾加入馬拉松訓練的主因會是什麼。對於許多人來說，時間因素絕對是一大障礙。老實說，這是所有馬拉松跑者都得面對的問題，而我認為這確實很難克服。如你所見，完賽課表每週跑步天數與新手、進階課表相近，但跑量卻少了很多。另一個重大差別在於，該課表的跑步強度較低、跑量緩慢累積。這是為什麼呢？在我個人經驗裡，害跑者受傷的通常不是跑量增加，而是跑步強度。我們有氧系統適應的程度快於骨頭與肌腱，因此強度增加很容易超出它們所能負荷，其中最常見的受傷是阿基里斯肌腱炎、脛前疼痛與疲勞性骨折。在完賽課表中，由我們為你控制跑量增加的速度。此外，我們也透過安排大量輕鬆跑來控制強度。新手最常犯的錯誤是，認為自己必須跑得快。經過第三章討論後，我希望你能充分理解輕鬆跑的速度要求（與別人能對話的程度）與好處（帶來生理適應）。

　　當我指導為慈善而跑的跑者時，我發現許多人並不熱衷於辛苦的速度跑或強化跑，他們很單純地只想跑步。這其實很合理，畢竟他們多數只是要完賽而已。那又何必將課表安排得如此複雜嚇人？對於有志參加跑步的跑者來說，只求完賽課表是個很棒的入門選擇，跑者也能自行增添訓練內容。若這是跑者的第一個課表，多餘的東西會讓他們感到負擔太大而落跑，這是我們最不想看到的狀況。

　　只求完賽課表提供極大的自由，希望透過穩定、合理地增加週跑量，讓你提升整體耐力。此課表的注意事項如下。

　　多數跑步是輕鬆跑。目標是累積持續跑步時間、中間不能停。這是首要目標，如此才能提升耐力，強度乃是其次。

想跑快一點也沒關係。只要確定隔天訓練強度不高。

這並不是跑／走課表。我們允許走路休息，但前提是你自己知道，你還無法應付這個配速。

開始課表時，你應該具備每週跑 10 英里的能力。

此課表提供一個適當的馬拉松訓練方法，讓新手不必應付還沒準備好或沒有興趣的多餘訓練。

新手課表

對於以下需求的跑者，「新手」是適合你的訓練課表：

· 你在乎比賽表現

· 你心裡有個完賽目標

· 這是你的首場馬拉松，但你跑過其他較短距離

· 你有意挑戰中等至更高跑量

· 你曾跑過馬拉松，但沒接觸過素質練習

新手課表（詳見 134 頁的表 4.3）一開始要求跑者每週跑 15 英里，之後逐漸升至最高週跑量 50 多英里。雖然本課表名稱有著「新手」兩字，但我們仍推薦跑過全馬的人使用。若你跑過馬拉松，但僅用過最基礎的課表來訓練，那不妨試試看此課表。又或者，你沒跑過我們進階課表裡規定的高跑量，那新手課表或許適合你。我們可以

斬釘截鐵地告訴你：絕對不要小看馬拉松。沒跑過馬拉松或不曾持續訓練的人，最好從只求完賽課表開始，等到跑量增加、準備充足後，再晉級至頗具挑戰的新手課表。

本課表前五週的設計宗旨在於累積週跑量，最重要的是你跑步的持續時間與累積里程。累積跑量最安全的做法是減低強度（放下素質練習），並將適量里程平均分散至數個訓練日。在前五週時，身體會適應規律訓練帶來的壓力，為下個階段做好準備。若你使用本課表時，週跑量已接近第三或第四週水平，那你保持現狀即可，讓我們的課表配合你。

在五週過後，我們會開始提高難度（跑步強度）。你會發現課表多了速度跑與節奏跑。速度跑請以 5 或 10 公里配速執行（請參考第三章），包括 12 趟 400 公尺、8 趟 600 公尺、6 趟 800 公尺等。我們安排各種不同類型的跑步，讓你不會感到枯燥乏味，又能得到生理適應好處。速度跑的總跑量約 3 英里，若加上中間恢復慢跑、暖身與收操，總跑量還會更高。暖身與收操的重要性不言可喻、一般安排約 1 ～ 2 英里，因為它們有助於提升表現並加速恢復。

有些人會好奇，為何速度跑安排在強化跑等訓練的前面。原因在於，速度跑除了能讓你獲得生理適應，更能讓你建立配速的參考基準點。若你不曉得自己馬拉松配速該跑多快，完成幾次速度跑有助於你找到答案。若你從沒跑過 5 或 10 公里這類較短賽事（或最近沒跑過），那我們鼓勵你在速度跑階段過後報名一場。當未來幾週針對馬拉松專項訓練登場時，這能幫助你釐清訓練目標。

速度跑之所以重要的另一原因，在於它能增加訓練變化。雖然跑量較高的幾週看似很可怕，但我們將這些跑量分散在輕鬆跑、快

跑、恢復跑以及暖身與收操之間。跑量累積的速度極快，你在不知不覺中便能累積不少訓練里程，這些都有助於比賽日的表現。此外，速度跑也可作為強化跑的預先演練，容許你犯錯並學習配速與恢復，之後再迎接更艱苦的強化跑。最後，速度跑也能強化你的心理韌性。對於每天只習慣戶外慢跑 30 ～ 60 分鐘的人，速度跑將對於他們的身心帶來新的挑戰。它強迫你嘗試以更高的強度持續跑一段時間，逼迫你離開舒適圈、挑戰未知領域。請記住，改善體能的唯一方法是漸進式超負荷，當你每踏出舒適圈一步，你的身體便會遭遇新的刺激並給予回應。當你學會忍受跑步時間拉長的不適感，那你將得到眾多回報，包括速度變快、發掘潛能，同時能承受更高強度的訓練。不僅如此，你還提高了無氧與有氧閾值，卻不必冒著超過最大攝氧量訓練而受傷的風險。

　　當速度跑加入課表時，我們也會開始安排節奏跑。節奏跑須以馬拉松配速完成，你必須管控好配速。請看一下速度跑與節奏跑同時出現的首週課表，上頭寫著「節奏跑 5 英里＋暖身與收操」。意思是：你必須以馬拉松配速跑 5 英里節奏跑，並做暖身與收操（和其他素質練習一樣）。如同我們先前建議，你在速度跑前後應慢跑 1 ～ 2 英里作為暖身與收操，節奏跑也一樣。而這意味著，節奏跑距離僅 5 英里，但加上暖身與收操後可能達 7 ～ 9 英里。隨著節奏跑距離增加，跑量可能升至 12 ～ 14 英里，其中 10 英里為馬拉松配速。你可能會覺得前幾趟節奏跑過於輕鬆。事實上，習慣低跑量的跑者經常告訴我們，他們的輕鬆跑速度比馬拉松配速來得快。這是因為多數人跑量太低，因此能以較快速度完成。新手每週僅訓練幾天而已，身體疲勞度很低、經常跑得太快。若你也是如此，你會發現，

隨著每週跑量增加，跑步速度自然會降下來。

一旦你熟悉速度跑與節奏跑後，課表便會安排更針對馬拉松的專項訓練。在這個階段，速度跑改成強化跑，而節奏跑距離變長，同時長跑里程與週跑量也達到高峰。我們並不否認，這個階段確實困難，你會非常疲勞。強化跑與速度跑十分類似，差別僅在跑量與強度。速度跑根據的是 5 或 10 公里配速、跑量約 3 英里，強化跑配速比馬拉松比賽配速快 10 秒、跑量 6 英里。舉例來說，若你的馬拉松目標配速是每英里 10 分鐘，那強化跑配速便會是 9 分 50 秒。關於速度跑與強化跑訓練內容，請參考本書第三章。

如同先前所言，素質練習最終階段的訓練特別艱辛，可能讓你招架不住。但別忘了，你在過程中一路遵守累加疲勞原則，因此疲憊的雙腿早已習慣應對新的挑戰。千萬不要過度訓練。若你在訓練初期跑得太快，那你不會有足夠氣力應對接下來的強化跑。此階段每週跑量會增加，進而提升你的能力，而這也是你必須嚴格遵守指定配速的原因。在高跑量階段跑得太快，很容易讓你受傷或過度疲勞。

我們課表對於長跑的安排相當一致，儘管它們會隨著訓練週數增加而距離變長。最多人的疑問來自於週日長跑，特別是關於訓練頻率與距離。我們一開始將長跑距離慢慢增加至 10 英里，每週增量不超過 2 英里。這是依照週跑量比例而定，長跑約占週跑量的 25%。當節奏跑距離增加時，長跑距離也會變長。舉例來說，在長跑距離達 15 ～ 16 英里那週，節奏跑約 8 ～ 10 英里，但加上暖身與收操後高達 15 英里。於是我們安排一週長跑 15 ～ 16 英里，隔週長跑 10 英里，目的就是為了配合節奏跑距離變長。若沒有這個調整，

你每 8 天得跑 3 次長跑（2 次週日長跑加一次長距離節奏跑）、持續一個月，這會破壞訓練平衡並增加受傷風險。透過每 2 週跑一次較長距離長跑的方式，既能確保每週都跑到一次長跑，也能讓你身體適應較高跑量。

教練 Q&A

為何第六週跑量暴增？

你可能有發現，新手課表第六週時跑量暴增，第五週約 25 英里，第六週卻高達 41 英里。

這兩週最大差別在於第六週加入素質訓練，且週一休息或交叉訓練也被取消。若你覺得一下子難以應付，那我們建議第五週的週一可用輕鬆跑 4 ～ 5 英里取代。而第六週的週二也可用 8 趟 400 公尺取代 12 趟，跑量便會減少 2 英里。如此一來，第五週跑量升至約 29 英里，第六週降至 38 英里，兩者差異從 16 英里縮至 10 英里。跑者或許比較能接受這種安排。當你開始素質訓練時，請留意跑步強度。因為你此時疲勞度不高，很容易跑太快。別忘了累加疲勞原則，隨著疲勞逐漸積累，現在感覺輕鬆的強度，過幾個月後可能充滿挑戰。

馬拉松訓練最輕鬆的階段是減量。在歷經艱難訓練後，身體早已疲憊不堪，你甚至懷疑自己能否完成全部訓練。減量目的是讓身

漢森訓練計畫

體能從前 16 週的訓練恢復，同時維持得來不易的體能。我們不想讓你在訓練期間毫無疲勞，但也不樂見你在比賽日前 10 天時疲憊不堪。即使如此，你也不該完全放棄訓練，而是應該在休息恢復與維持體能間取得平衡。這是你能小歇一會的時刻，但也要讓所有生理適應得以守成。

進階課表

針對以下需求的跑者，可採用進階課表：

· 你追求更好的比賽表現

· 你曾跑過馬拉松

· 你有過高跑量訓練的經驗

進階課表（詳見 138 頁表 4.4）最適合曾完成至少一場馬拉松的人使用。但跑者經驗也是考量重點。若你過去訓練週跑量很低，只在週末固定一場長跑（如其他課表所建議），那你或許需要針對本課表做一些調整。習慣低跑量的跑者，可能無法承受進階課表，畢竟此課表的安排緊湊、跑量較高。反過來說，若你從沒跑過馬拉松，但每週跑量超過 50 英里，那使用本課表或許會得到不錯成效。

進階與新手課表有許多差異，最明顯的是週跑量。從第一週起，進階課表便安排較高跑量，此原則也貫穿整個訓練期間。我們要求新手在高峰週達到約 50 英里週跑量，進階跑者則須超過 60 英里。要特別注意的是，跑量的增加不是來自於素質練習，而是藉由提高

平日輕鬆跑距離的方式來提升。請記住一點，輕鬆跑能對身體帶來充分的刺激，有助於粒線體發育與成長、肌纖維徵召，並增加脂肪使用效率，進而提高你的有氧能力。這些好處從輕鬆跑便能獲得，不必透過強度更高的跑步。

此外，進階課表在訓練初期便加入素質訓練。新手課表一開始是奠基期，全由輕鬆跑組成。但在進階課表裡，速度跑與節奏跑從第二與第三週便開始。為何要如此早將速度跑排入課表呢？凱文解釋：「使用進階課表的人，通常一年跑好幾場馬拉松。當他們這麼做時，經常忽視訓練某些層面，特別是速度。」我們在各種跑者身上都看到這個現象，菁英跑者也不例外。當課表為「一年跑多場馬拉松」目的而制定時，很容易過度重視節奏跑與長跑，畢竟跑者持續在為下一場大賽做準備。我們在進階課表初期便引進速度跑，讓有經驗的跑者盡早改善「速度」這個最常見的弱點。我們也遇過另一類進階跑者，他們希望在夏季跑較短距離賽事，秋季時參與馬拉松。如前所述，新手需要將多數時間用於增強整體耐力，但這對於進階跑者並非絕對必要。進階課表將稍長距離的速度跑納入並捨棄一些基礎跑量，如此一來，這兩類進階跑者皆能受惠。速度跑一方面幫助跑者做好較短距離賽事的準備，另一方面也能改善他們的速度弱點。

你可以從第三章的速度訓練指示開始進行速度練習。一開始跑12 趟 400 公尺，接著 8 趟 600 公尺、6 趟 800 公尺、5 趟 1,000 公尺與 4 趟 1,200 公尺，最後是 3 趟 1,600 公尺。此時你剩下 4 週行程，我們安排的是 4 趟 1,200 公尺、5 趟 1,000 公尺、6 趟 800 公尺，最後一週則是 12 趟 400 公尺。

除了速度跑，進階與新手課表在節奏跑的增量方式也有不同。新手課表很快地從 5 英里跳到 8 英里，進階課表則等比增加 1 英里，從 6、7、8、9 到 10 英里。這樣安排是因為新手進步速度比較快。舉例來說，4 小時完賽跑者進步 6% 是 3 小時 45 分，而 2 小時 45 分完賽跑者進步 6% 僅 2 小時 35 分。雖然進步幅度相同，但進階跑者縮短的完賽時間較少，因此後者必須花更多時間在專項訓練，才能獲得最大效益。

至於在長跑部分，各課表的規畫有著顯著差異。雖然進階課表也不會讓跑者跑超過 16 英里，但結構安排與增量方式卻很不相同。舉例來說，10 英里在新手課表被視為長跑，在進階課表則歸類為輕鬆跑。表 4.1 清楚顯示，與進階跑者相比，10 英里對於新手的挑戰更大。

表 4.1　10 英里跑步：新手 vs. 進階跑者

	新手跑者	進階跑者
配速	每英里 9 分鐘	每英里 7 分 30 秒
完成時間	1 小時 30 分	1 小時 15 分
週跑量占比	25%	18～20%

你可能會好奇，為何進階課表裡的長跑每兩週才安排一次？原因與新手課表一樣，我們不希望你在 8 天內得應付 3 場長跑，包括 2 場週日長跑與 1 場含暖身與收操共 16 英里的節奏跑。馬拉松訓練的重點在於維持剛剛好的均衡，太密集的長跑將壓縮與影響其他訓練。

訓練課表問與答

在我們的訓練課程裡，跑者年復一年反覆詢問相似問題。在迎接新挑戰時（如參與馬拉松），大家有著類似的害怕、擔憂與疑問。作為教練，我們多年來已學會如何有效回答這些疑問，通常能讓跑者恢復信心、繼續訓練下去。以下便是一些常見問題，至於課表調整的具體細節，請看第五章。

我該如何調換訓練日？

我們能夠理解，跑步訓練行程有時必須調整，畢竟工作和家庭優先。儘管我們希望你能長達 3～4 個月將訓練擺在第一順位，但在現實情況下很難辦到。你應該有注意到，我們將素質訓練固定排在每週二、週四與週日。若你無法在這幾天進行訓練，改成其他日子也可以。若你決定如此進行，請確定你做了合理的安排。舉例來說，我們將速度跑排在每週二，若這天因開會、接送小孩等雜事行程滿檔，你可以將速度跑移到週一，並將週日長跑改到週六。這能讓標準課表維持一致，同時不會更動訓練內容。盡量不要連排兩天素質練習，我們的訓練目標是累加疲勞，而不是過度疲勞導致無法恢復。若你剛好遇到這種情況，建議加以調整，可在兩天素質練習中間安插輕鬆跑或休息日。

當標準課表不適用時，我們會提供底下兩個（原訂二、四、六操素質練習）備案，兩者皆可讓跑者增加更多恢復時間。第一個備案如下：

· 週一：輕鬆跑

- ·週二：速度跑或強化跑
- ·週三：休息
- ·週四：改成週五的輕鬆跑
- ·週五：節奏跑
- ·週六：輕鬆跑
- ·週日：長跑

此備案將週四與週五訓練調換，使得週二（累人的速度跑或強化跑）與週五（負擔很大的節奏跑）中間隔兩天恢復日。對於某些跑者來說，這或許比起週五節奏跑與週日長跑間的輕鬆跑恢復日更重要。

第二個備案則變動較多。

- ·週一：速度跑或強化跑
- ·週二：改成週一的輕鬆跑
- ·週三：休息
- ·週四：節奏跑
- ·週五：輕鬆跑
- ·週六：長跑
- ·週日：改成週六的輕鬆跑

此範本較適合週日想輕鬆一點的人。經過這樣的調整，他們既能完成長跑也能兼顧其他要務。進階跑者可任選其一範本使用，兩者皆允許他們在素質練習中間多些恢復時間，同時又不遺漏任何訓練。

我該如何增加週跑量？

許多跑者認為，若想要提高週跑量，勢必要增加長跑距離，這是不對的想法。正如凱文所說：「若想增加跑量，應該將輕鬆跑距離提高至 10 英里以上，而不該動到長跑」。他還建議，另一個方法是將休息日改成輕鬆跑行程。請看這張課表，你可以從這幾個地方下手，以增加跑量。

- ·週一：多跑1～2英里（1.5～3公里）
- ·週二：熱身與收操各提高至2～3英里（3～5公里）
- ·週三：增加30～60分鐘恢復跑
- ·週四：同週二
- ·週五：同週一
- ·週六：維持原定安排
- ·週日：先做上述事項，之後再增加長跑距離，但切記長跑須維持在週跑量25～30％，時間不超過3小時。

有些跑者會好奇能否一天做兩次訓練？我們建議只在每天平均跑步距離約 12 英里的情況下，才適合一天兩練。若你輕鬆跑一趟約 10 英里（加上熱身收操），或許可以考慮再跑一趟增加跑量。但若你還未做重量與伸展等輔助訓練，那我們建議你先從後者下手。

請切記，你的體能反應必須是正面的。若你增加跑量，結果速度開始往下掉，甚至感到身體不適，那一定要減少一些跑量，再觀察身體如何反應。比起提升跑量，更重要的是確保身體適度恢復，足以因應訓練壓力。

漢森訓練計畫

我如何在訓練期間參加比賽？

我們通常不建議你在訓練期間參加太多比賽，但有時不得不如此。新手通常得跑過 5 公里或 10 公里比賽，才能知道素質訓練該如何配速。至於其他更長距離的賽事，則能幫助設定馬拉松目標完賽時間。不論是何種狀況，我們做的調整通常是將週間節奏跑改輕鬆日，以因應週末的測驗賽。你必須慎選哪一週要進行調整，並在比賽前調整訓練計畫。更多課表調整的細節，詳見第五章。

課表調整多少會涉及縮減或刪除部分的素質訓練，因此我們不鼓勵你在訓練期間參加過多比賽。因比賽而調整訓練行程，時間一拉長，某個程度上也代表你沒有確實走在目標馬拉松賽事的專項訓練週期中。相反地，我們希望你能利用測驗賽提升體能，同時融入更多元的訓練組合。

暖身與收操該跑多少距離？

我們通常建議，跑者在素質訓練前後跑 1.5 英里的暖身與收操。對於多數新手來說，這大概耗費 15 ～ 20 分鐘。若是進階跑者想提高跑量，將暖身與收操提高至 2 ～ 3 英里，也不失為一個好方法。

我感到全身疲勞，能否休息一天？

在這個情況下，你必須先判斷自己是疲勞還是受傷。若是受傷，應該找教練或醫生諮詢並接受治療。請記得一點，我們在訓練期間一定會經歷各式痠痛。事實上，當跑量暴增或速度太快時，許多跑者會感覺不適。感到有些虛脫是正常且必然的過程。若你發現自己

很疲憊，請確認你真的有放鬆在跑輕鬆跑，但不能因此犧牲素質練習。

若你感到疲累，卻仍可以跑快且達到配速要求，這是因為累加疲勞。但若你覺得氣力耗盡，接近傷病邊緣，且配速開始下滑，那就是過度訓練的徵兆。若是如此，你應該重新評估比賽目標並檢視配速是否適當。最常見的情況是，目標配速問題不大，但跑者習慣超速，特別是輕鬆跑時。此時你可以降低配速，甚至安排幾天輕鬆跑，看看自己是否恢復。在這個時刻，觀察自己的恢復週期非常重要。若你工作壓力過大，每天僅睡 4 小時，或許這才是問題所在。我鼓勵你檢視生活各個層面，別把疲勞全都怪罪於訓練。

我沒時間做完全部訓練該怎麼辦？

當節奏跑距離變長，強化跑開始加入課表時，跑者最有可能遭遇到這個狀況，畢竟訓練時間變長了。若時間真的不夠，盡你所能就好。請記住，只要你有在訓練，「總比什麼都沒有好」。若課表安排 10 英里節奏跑，但你的時間僅能跑 6 英里，那就跑 6 英里吧，這一定比沒跑來得好。若你只能跑 30 分鐘輕鬆跑，那就 30 分鐘。別執著於無法控制的事，但也不要把突發狀況當成不訓練的藉口。就算你不是在為馬拉松訓練，運動也有益你的健康與快樂。我在會議與行程中間會安插 30 分鐘跑步，這段時間能讓我沉澱身心、解決各式問題。

表 4.2 只求完賽課表

週	週一	週二	週三	週四
1	休息或交叉訓練	輕鬆跑 2 英里（3 公里）	休息或交叉訓練	輕鬆跑 3 英里（5 公里）
2	休息或交叉訓練	輕鬆跑 3 英里（5 公里）	休息或交叉訓練	輕鬆跑 3 英里（5 公里）
3	休息或交叉訓練	輕鬆跑 4 英里（7 公里）	休息或交叉訓練	輕鬆跑 4 英里（7 公里）
4	休息或交叉訓練	輕鬆跑 5 英里（8 公里）	休息或交叉訓練	輕鬆跑 3 英里（5 公里）
5	休息或交叉訓練	輕鬆跑 5 英里（8 公里）	休息或交叉訓練	輕鬆跑 4 英里（7 公里）
6	輕鬆跑 4 英里（7 公里）	輕鬆跑 5 英里（8 公里）	休息或交叉訓練	輕鬆跑 5 英里（8 公里）
7	輕鬆跑 4 英里（7 公里）	輕鬆跑 5 英里（8 公里）	休息或交叉訓練	輕鬆跑 5 英里（8 公里）
8	輕鬆跑 6 英里（10 公里）	輕鬆跑 6 英里（10 公里）	休息或交叉訓練	輕鬆跑 6 英里（10 公里）
9	輕鬆跑 5 英里（8 公里）	輕鬆跑 5 英里（8 公里）	休息或交叉訓練	輕鬆跑 5 英里（8 公里）
10	輕鬆跑 7 英里（12 公里）	輕鬆跑 5 英里（8 公里）	休息或交叉訓練	輕鬆跑 6 英里（10 公里）

週五	週六	週日	週跑量
休息或交叉訓練	輕鬆跑 3 英里 （5 公里）	輕鬆跑 4 英里 （7 公里）	12 英里 （20 公里）
輕鬆跑 3 英里 （5 公里）	輕鬆跑 3 英里 （5 公里）	輕鬆跑 4 英里 （7 公里）	16 英里 （27 公里）
輕鬆跑 4 英里 （7 公里）	輕鬆跑 4 英里 （7 公里）	輕鬆跑 5 英里 （8 公里）	21 英里 （36 公里）
輕鬆跑 3 英里 （5 公里）	輕鬆跑 5 英里 （8 公里）	輕鬆跑 4 英里 （7 公里）	20 英里 （33 公里）
輕鬆跑 5 英里 （8 公里）	輕鬆跑 4 英里 （7 公里）	輕鬆跑 6 英里 （10 公里）	24 英里 （40 公里）
輕鬆跑 4 英里 （7 公里）	輕鬆跑 8 英里 （13 公里）	輕鬆跑 8 英里 （13 公里）	34 英里 （56 公里）
輕鬆跑 4 英里 （7 公里）	輕鬆跑 6 英里 （10 公里）	長跑 10 英里 （15 公里）	34 英里 （55 公里）
輕鬆跑 5 英里 （8 公里）	輕鬆跑 6 英里 （10 公里）	長跑 10 英里 （15 公里）	39 英里 （63 公里）
輕鬆跑 6 英里 （10 公里）	輕鬆跑 5 英里 （8 公里）	長跑 15 英里 （25 公里）	41 英里 （67 公里）
輕鬆跑 5 英里 （8 公里）	輕鬆跑 8 英里 （13 公里）	長跑 10 英里 （15 公里）	41 英里 （66 公里）

　　　　　　漢森訓練計畫

週	週一	週二	週三	週四
11	輕鬆跑 5 英里（8 公里）	輕鬆跑 7 英里（12 公里）	休息或交叉訓練	輕鬆跑 5 英里（8 公里）
12	輕鬆跑 5 英里（8 公里）	輕鬆跑 7 英里（12 公里）	休息或交叉訓練	輕鬆跑 6 英里（10 公里）
13	輕鬆跑 7 英里（12 公里）	輕鬆跑 5 英里（8 公里）	休息或交叉訓練	輕鬆跑 5 英里（8 公里）
14	輕鬆跑 5 英里（8 公里）	輕鬆跑 7 英里（12 公里）	休息或交叉訓練	輕鬆跑 6 英里（10 公里）
15	輕鬆跑 7 英里（12 公里）	輕鬆跑 5 英里（8 公里）	休息或交叉訓練	輕鬆跑 5 英里（8 公里）
16	輕鬆跑 5 英里（8 公里）	輕鬆跑 5 英里（8 公里）	休息或交叉訓練	輕鬆跑 5 英里（8 公里）
17	輕鬆跑 7 英里（12 公里）	輕鬆跑 5 英里（8 公里）	休息或交叉訓練	輕鬆跑 5 英里（8 公里）
18	輕鬆跑 5 英里（8 公里）	輕鬆跑 5 英里（8 公里）	休息	輕鬆跑 5 英里（8 公里）

週五	週六	週日	週跑量
輕鬆跑 6 英里 （10 公里）	輕鬆跑 8 英里 （13 公里）	輕鬆跑 16 英里 （27 公里）	47 英里 （78 公里）
輕鬆跑 5 英里 （8 公里）	輕鬆跑 8 英里 （13 公里）	輕鬆跑 10 英里 （15 公里）	41 英里 （66 公里）
輕鬆跑 6 英里 （10 公里）	輕鬆跑 6 英里 （10 公里）	長跑 16 英里 （27 公里）	45 英里 （75 公里）
輕鬆跑 5 英里 （8 公里）	輕鬆跑 8 英里 （13 公里）	長跑 10 英里 （15 公里）	41 英里 （66 公里）
輕鬆跑 6 英里 （10 公里）	輕鬆跑 6 英里 （10 公里	長跑 16 英里 （27 公里）	45 英里 （75 公里）
輕鬆跑 5 英里 （8 公里）	輕鬆跑 8 英里 （13 公里）	長跑 10 英里 （15 公里）	38 英里 （60 公里）
輕鬆跑 6 英里 （10 公里）	輕鬆跑 6 英里 （10 公里）	輕鬆跑 8 英里 （13 公里）	37 英里 （61 公里）
輕鬆跑 4 英里 （7 公里）	輕鬆跑 3 英里 （5 公里）	**比賽！**	48.2 英里 （78 公里）

表 4.3　新手課表

週	週一	週二	週三	週四
1	－	－	休息	輕鬆跑 3 英里（5 公里）
2	休息	輕鬆跑 2 英里（3 公里）	休息	輕鬆跑 3 英里（5 公里）
3	休息	輕鬆跑 4 英里（7 公里）	休息	輕鬆跑 4 英里（7 公里）
4	休息	輕鬆跑 5 英里（8 公里）	休息	輕鬆跑 3 英里（5 公里）
5	休息	輕鬆跑 5 英里（8 公里）	休息	輕鬆跑 4 英里（7 公里）
6	輕鬆跑 4 英里（7 公里）	速度跑　12 趟 400 公尺／恢復跑 400 公尺	休息	節奏跑　5 英里（8 公里）
7	輕鬆跑 4 英里（7 公里）	速度跑　8 趟 600 公尺／恢復跑 400 公尺	休息	節奏跑　5 英里（8 公里）
8	輕鬆跑 6 英里（10 公里）	速度跑　6 趟 800 公尺／恢復跑 400 公尺	休息	節奏跑　5 英里（8 公里）
9	輕鬆跑 5 英里（8 公里）	速度跑　5 趟 1 公里／恢復跑 400 公尺	休息	節奏跑　8 英里（13 公里）
10	輕鬆跑 7 英里（11 公里）	速度跑　4 趟 1,200 公尺／恢復跑 400 公尺	休息	節奏跑　8 英里（13 公里）

週五	週六	週日	週跑量
休息	輕鬆跑 3 英里 （5 公里）	輕鬆跑 4 英里 （7 公里）	10 英里 （17 公里）
輕鬆跑 3 英里 （5 公里）	輕鬆跑 3 英里 （5 公里）	輕鬆跑 4 英里 （7 公里）	15 英里 （25 公里）
輕鬆跑 4 英里 （7 公里）	輕鬆跑 4 英里 （7 公里）	輕鬆跑 5 英里 （8 公里）	21 英里 （36 公里）
輕鬆跑 3 英里 （5 公里）	輕鬆跑 5 英里 （8 公里）	輕鬆跑 5 英里 （8 公里）	21 英里 （34 公里）
輕鬆跑 5 英里 （8 公里）	輕鬆跑 4 英里 （7 公里）	輕鬆跑 6 英里 （10 公里）	24 英里 （40 公里）
輕鬆跑 4 英里 （7 公里）	輕鬆跑 8 英里 （13 公里）	輕鬆跑 8 英里 （13 公里）	39 英里 （68 公里）
輕鬆跑 4 英里 （7 公里）	輕鬆跑 6 英里 （10 公里）	長跑 10 英里 （16 公里）	38 英里 （64 公里）
輕鬆跑 5 英里 （8 公里）	輕鬆跑 6 英里 （10 公里）	長跑 10 英里 （16 公里）	41 英里 （66 公里）
輕鬆跑 6 英里 （10 公里）	輕鬆跑 5 英里 （8 公里）	長跑 15 英里 （24 公里）	47 英里 （80 公里）
輕鬆跑 5 英里 （8 公里）	輕鬆跑 8 英里 （13 公里）	長跑 10 英里 （16 公里）	46 英里 （71 公里）

漢森訓練計畫

週	週一	週二	週三		週四
11	輕鬆跑 5 英里（8 公里）	6 趟 1 英里（2 公里）／恢復跑 400 公尺	休息		8 英里（13 公里）
12	輕鬆跑 5 英里（8 公里）	4 趟 1.5 英里（2.5 公里）／恢復跑 800 公尺	休息		9 英里（14 公里）
13	輕鬆跑 7 英里（11 公里）	3 趟 2 英里（3 公里）／恢復跑 800 公尺	休息		9 英里（14 公里）
14	輕鬆跑 5 英里（8 公里）	強化跑	2 趟 3 英里（5 公里）／恢復跑 1 英里（2 公里）	休息	節奏跑	9 英里（14 公里）
15	輕鬆跑 7 英里（11 公里）		3 趟 2 英里（3 公里）／恢復跑 800 公尺	休息		10 英里（16 公里）
16	輕鬆跑 5 英里（8 公里）		4 趟 1.5 英里（2.5 公里）／恢復跑 800 公尺	休息		10 英里（16 公里）
17	輕鬆跑 7 英里（11 公里）		6 趟 1 英里（2 公里）／恢復跑 400 公尺	休息		10 英里（16 公里）
18	輕鬆跑 5 英里（8 公里）	輕鬆跑 5 英里（8 公里）	休息		輕鬆跑 6 英里（10 公里）

週跑量將速度跑、強化跑與節奏跑的暖身與收操 1 英里（2 公里）包含在內。

■ 速度跑：詳見 85～92 頁的配速表
■ 強化跑：詳見 97～100 頁的配速表
■ 節奏跑：詳見 105 頁的配速表

週五	週六	週日	週跑量
輕鬆跑 5 英里 （8 公里）	輕鬆跑 8 英里 （13 公里）	長跑 16 英里 （27 公里）	54 英里 （91 公里）
輕鬆跑 5 英里 （8 公里）	輕鬆跑 8 英里 （13 公里）	長跑 10 英里 （16 公里）	49 英里 （80 公里）
輕鬆跑 6 英里 （10 公里）	輕鬆跑 6 英里 （10 公里）	長跑 16 英里 （27 公里）	56 英里 （91 公里）
輕鬆跑 5 英里 （8 公里）	輕鬆跑 8 英里 （13 公里）	長跑 10 英里 （16 公里）	49 英里 （81 公里）
輕鬆跑 6 英里 （10 公里）	輕鬆跑 6 英里 （10 公里）	長跑 16 英里 （27 公里）	57 英里 （93 公里）
輕鬆跑 5 英里 （8 公里）	輕鬆跑 8 英里 （13 公里）	長跑 10 英里 （16 公里）	50 英里 （82 公里）
輕鬆跑 6 英里 （10 公里）	輕鬆跑 6 英里 （10 公里）	輕鬆跑 8 英里 （13 公里）	49 英里 （82 公里）
輕鬆跑 5 英里 （8 公里）	輕鬆跑 3 英里 （5 公里）	**比賽！**	50 英里 （81 公里）

漢森訓練計畫

表 4.4　進階課表

週	週一	週二	週三	週四	
1	－	－	休息	輕鬆跑 6 英里（10 公里）	
2	輕鬆跑 6 英里（10 公里）	12 趟 400 公尺／恢復跑 400 公尺	休息	輕鬆跑 6 英里（10 公里）	
3	輕鬆跑 6 英里（10 公里）	8 趟 600 公尺／恢復跑 400 公尺	休息		6 英里（10 公里）
4	輕鬆跑 6 英里（10 公里）	6 趟 800 公尺／恢復跑 400 公尺	休息		6 英里（10 公里）
5	輕鬆跑 6 英里（10 公里）	5 趟 1 公里／恢復跑 400 公尺	休息		6 英里（10 公里）
6	輕鬆跑 6 英里（10 公里）	4 趟 1,200 公尺／恢復跑 400 公尺	休息	節奏跑	7 英里（11 公里）
7	輕鬆跑 6 英里（10 公里）	400 － 800 － 1,200 － 1,600 － 1,200 － 800 ／恢復跑 400 公尺	休息		7 英里（11 公里）
8	輕鬆跑 6 英里（10 公里）	3 趟 1,600 公尺／恢復跑 600 公尺	休息		7 英里（11 公里）
9	輕鬆跑 8 英里（13 公里）	6 趟 800 公尺／恢復跑 400 公尺	休息		8 英里（13 公里）
10	輕鬆跑 6 英里（10 公里）	3 趟 1,600 公尺／恢復跑 600 公尺	休息		8 英里（13 公里）

（速度跑：週二欄第 6 至 10 週標示「速度跑」）

週五	週六	週日	週跑量
輕鬆跑 6 英里 （10 公里）	輕鬆跑 6 英里 （10 公里）	輕鬆跑 8 英里 （13 公里）	26 英里 （43 公里）
輕鬆跑 6 英里 （10 公里）	輕鬆跑 6 英里 （10 公里）	輕鬆跑 8 英里 （13 公里）	41 英里 （59 公里）
輕鬆跑 7 英里 （11 公里）	輕鬆跑 6 英里 （10 公里）	長跑 10 英里 （16 公里）	46 英里 （77 公里）
輕鬆跑 6 英里 （10 公里）	輕鬆跑 8 英里 （13 公里）	輕鬆跑 8 英里 （13 公里）	45 英里 （75 公里）
輕鬆跑 7 英里 （11 公里）	輕鬆跑 6 英里 （10 公里）	長跑 12 英里 （20 公里）	47 英里 （80 公里）
輕鬆跑 6 英里 （10 公里）	輕鬆跑 10 英里 （16 公里）	輕鬆跑 8 英里 （13 公里）	47 英里 （78 公里）
輕鬆跑 7 英里 （11 公里）	輕鬆跑 8 英里 （13 公里）	長跑 14 英里 （23 公里）	54 英里 （88 公里）
輕鬆跑 6 英里 （10 公里）	輕鬆跑 10 英里 （16 公里）	輕鬆跑 10 英里 （16 公里）	49 英里 （82 公里）
輕鬆跑 7 英里 （11 公里）	輕鬆跑 8 英里 （13 公里）	長跑 15 英里 （25 公里）	57 英里 （94 公里）
輕鬆跑 6 英里 （10 公里）	輕鬆跑 10 英里 （16 公里）	輕鬆跑 10 英里 （16 公里）	50 英里 （84 公里）

漢森訓練計畫

週	週一	週二		週三		週四
11	輕鬆跑 8 英里（13 公里）	6 趟 1 英里（2 公里）／恢復跑 400 公尺	強化跑	休息	節奏跑	8 英里（13 公里）
12	輕鬆跑 6 英里（10 公里）	4 趟 1.5 英里（2 公里）／恢復跑 800 公尺		休息		9 英里（14 公里）
13	輕鬆跑 8 英里（13 公里）	3 趟 2 英里（3 公里）／恢復跑 800 公尺		休息		9 英里（14 公里）
14	輕鬆跑 6 英里（10 公里）	2 趟 3 英里（5 公里）／恢復跑 1 英里（2 公里）		休息		9 英里（14 公里）
15	輕鬆跑 8 英里（13 公里）	3 趟 2 英里（3 公里）／恢復跑 800 公尺		休息		10 英里（16 公里）
16	輕鬆跑 6 英里（10 公里）	4 趟 1.5 英里（2 公里）／恢復跑 800 公尺		休息		10 英里（16 公里）
17	輕鬆跑 8 英里（13 公里）	6 趟 1 英里（2 公里）／恢復跑 400 公尺		休息		10 英里（16 公里）
18	輕鬆跑 6 英里（10 公里）	輕鬆跑 5 英里（8 公里）		休息		輕鬆跑 6 英里（10 公里）

週跑量將速度跑、強化跑與節奏跑的暖身與收操 1.5 英里（3 公里）包含在內。

速度跑：詳見 85 ～ 92 頁的配速表

強化跑：詳見 97 ～ 100 頁的配速表

節奏跑：詳見 105 頁的配速表

週五	週六	週日	週跑量
輕鬆跑 7 英里 （11 公里）	輕鬆跑 8 英里 （13 公里）	長跑 16 英里 （27 公里）	61 英里 （103 公里）
輕鬆跑 6 英里 （10 公里）	輕鬆跑 10 英里 （16 公里）	輕鬆跑 10 英里 （16 公里）	55 英里 （89 公里）
輕鬆跑 7 英里 （11 公里）	輕鬆跑 8 英里 （13 公里）	長跑 16 英里 （27 公里）	62 英里 （101 公里）
輕鬆跑 6 英里 （10 公里）	輕鬆跑 10 英里 （16 公里）	輕鬆跑 10 英里 （16 公里）	55 英里 （92 公里）
輕鬆跑 7 英里 （11 公里）	輕鬆跑 8 英里 （13 公里）	長跑 16 英里 （27 公里）	63 英里 （103 公里）
輕鬆跑 6 英里 （10 公里）	輕鬆跑 10 英里 （16 公里）	輕鬆跑 10 英里 （16 公里）	56 英里 （91 公里）
輕鬆跑 7 英里 （11 公里）	輕鬆跑 8 英里 （13 公里）	輕鬆跑 8 英里 （13 公里）	55 英里 （92 公里）
輕鬆跑 6 英里 （10 公里）	輕鬆跑 3 英里 （8 公里）	**比賽！**	52 英里 （88 公里）

漢森訓練計畫

第五章
調整訓練計畫

在漢森的教學經驗告訴我，訓練計畫不能太僵化。即使是菁英跑者，也可能在訓練中遭遇問題，因此我們很明白，調整在所難免。大家都有家庭要顧、工作行程繁忙，也可能遭遇傷病。遇到這些情況，都可能需要調整課表。有些跑者甚至希望增加跑量，這樣的調整方法又截然不同。本章將討論最常見的突發狀況與最棒的調整方法，讓你無論遇到什麼情況都有備案可參考。

增加週跑量

我們的課表能滿足各種不同目標與能力的跑者，但仍有一些人

會詢問我們該如何增加週跑量。如同先前討論，跑者想越快跑完比賽，就得投入越多訓練（當然仍有限度），而這通常得透過提高週跑量達到。若你是首次跑馬拉松、依循只求完賽課表或新手課表訓練，那你最好遵循跑量建議。但我們偶爾也會遇到特殊案例，也就是跑者對於短距離賽事極為熟悉，但他們還沒跑過馬拉松。若你屬於這類型跑者，我們建議你從進階課表開始，這能讓你輕鬆地累積跑量。即使你在較短距離賽事表現絕佳，但高跑量比賽是全然不同的挑戰。若你沒有高跑量經驗，不妨在首次跑馬拉松時先按照進階課表安排，在第二次挑戰時，再依照身體反應慢慢提高跑量。

若你曾跑過馬拉松並選擇進階課表訓練，事情就比較複雜。儘管多數人覺得不過是增加長跑里程而已，但我們建議你將休息日改為輕鬆跑。若你試圖提高週跑量，不妨利用週三休息日跑個 4 ～ 8 英里輕鬆跑，週跑量便能立刻提升 10％。對於許多跑者而言，在兩個素質練習日子中間安插輕鬆跑（而非休息日），更能刺激恢復並習慣訓練。

另一個方法是調整進階課表裡的輕鬆跑里程。多數輕鬆跑為 6 ～ 8 英里，進階跑者可將距離增至 8 ～ 10 英里。每次輕鬆跑增加 2 英里，一週 4 次共增加 8 英里，讓你的週跑量得以攀抵 70 英里。我們在無數男女選手身上使用此法，成功讓他們完賽成績跑進 3 小時內。只要透過這個小小修正，便能立刻見效、突破瓶頸。

我們多次交代你千萬別動到長跑，但仍有例外，能允許你提高進階課表長跑的分量。我們不建議你安插 20 ～ 22 英里長跑，但或許可考慮縮短長跑的間隔週期。換言之，將每兩週跑一次長跑改為每週一次，這能讓你在訓練過程中迅速增加跑量。即使如此，凱文

與凱斯仍提醒，別碰 20 英里長跑，除非你每週跑量接近 90 ～ 100 英里。

而針對野心勃勃的少數跑者，這群人緩慢增加跑量，希望安全達到週跑量 90 ～ 100 英里的目標，我們同樣建議從增加輕鬆跑里程開始，讓每次輕鬆跑至少達 10 英里。若你每週跑 7 天，其中 4 天是輕鬆跑，一個禮拜就是 40 英里，約占目標跑量的 40 ～ 50％。而強化跑跑量 11 英里，加上我們通常建議訓練前後的暖身與收操，這可額外增加 3 英里。還有節奏跑高峰週時可達 14 英里（含暖身與收操），並將週六輕鬆跑增至 12 英里，然後再加上一場 18 ～ 20 英里的長跑，那週跑量便可達到 95 ～ 97 英里。

跑者也常問能否一天兩練的問題。如同長跑一樣，我們認為此事因人而異。多數人一天跑一次都快要抽不出時間，更別說要跑兩次。若你希望每週跑量增加 10 英里，最簡單的方法是將週三休息改成輕鬆跑，之後只剩幾英里便可達標，也只要從當週幾次的跑步中分別安插 1 ～ 2 英里即可，這樣的調整相對簡單。對每週跑量達 70 ～ 80 英里的人來說，8 ～ 10 英里跑步約需 60 ～ 80 分鐘（例如 10 英里距離，每英里配速 8 分鐘）。這類高跑量跑者完賽目標為 2 小時 30 分～ 3 小時 10 分，10 英里對他們而言不算什麼。即使如此，我們仍不建議一天跑兩次。在這種情況下，8 ～ 10 英里輕鬆跑加上素質練習，便足以讓週跑量達 70 ～ 80 英里。但若是跑者目標週跑量為 100 英里，或許可考慮一天兩練。此時他們每天平均跑量高達 14 ～ 15 英里，聽起來與單趟 10 英里跑步相差不大，但若跑者還有餘裕跑第二次，為每日再加上 4 ～ 5 英里的里程，將可刺激身體產生更高度的生理適應。

在附錄 A 裡，我們附上的是漢森－布魯克斯長跑計畫的菁英課表。你可以清楚看到這些多出來的週跑量如何分配。為了達到大家嚮往的 100 英里跑量關卡，你可將輕鬆跑里程從 10 英里提高至 12 英里，如此每週便多出 6 英里週跑量，或是每隔幾天多跑一趟 4 英里。這兩種方法都不須更動素質訓練的強度或跑量，足以證明：光靠輕鬆跑便能增加不少跑量。身為教練，我看過無數人運用此法取得成功，男生得以達成約 2 小時 25 分成績，女生跑進 3 小時。

最後提醒一點，若增加跑量後無法達到訓練要求，那你應該將跑量減回至原先的水準。

為比賽而調整

跑者必須調整訓練計畫，其中最常見原因是配合比賽。我們經常建議在馬拉松之前不宜安排太多賽事，但在某些情況下，這些比賽能對跑者帶來好處。如同先前討論，5 或 10 公里賽事能幫助新手建立訓練配速基準。但為了讓這些比賽發揮用處，你必須謹慎安排。對於使用新手課表的人，首場、也是最好的時機點落在第八週結束。該課表前五週重點在於建立基礎跑量，協助你做好更高強度跑步的準備，之後則安排速度跑與增加跑量。適應新的訓練壓力約需 3 週時間，因此我們才會說第八週適合安排賽事。

此外，你應該有發現，在速度跑第二週（即訓練第七週）時，你的首場 10 英里長跑登場。如果為了將賽事排進行程，去掉這次長跑，會讓比賽容易駕馭些。若將賽事安排在第七週週末，你將在第六週 8 英里輕鬆跑，第八週才長跑 10 英里，這樣就不會因為比賽而

調整訓練計畫

表 5.1　新手課表：第 7 週與第 8 週

週	週一	週二	週三	週四
7	輕鬆跑 4 英里（7 公里）	速度跑 8 趟 600 公尺／恢復跑 400 公尺	休息	輕鬆跑 6 英里（10 公里）
8	輕鬆跑 6 英里（10 公里）	速度跑 6 趟 800 公尺／恢復跑 400 公尺	休息	節奏跑 5 英里（8 公里）

速度跑：詳見 85 ～ 92 頁的配速表
節奏跑：詳見 105 頁的配速表

錯過重要訓練。若將賽事排在速度跑第四週（即訓練第九週），你將被迫放棄第一次 8 英里，這趟和上週 5 英里距離有著不小提升的節奏跑。此外，你也必須放棄 15 英里長跑，後續更長距離也少了初期的長跑奠基。將賽事安排在速度跑第三週（訓練第八週），你的身體已做好因應高強度跑步的準備，同時能將錯過的重要訓練降至最低。

　　參考表 5.1 的訓練計畫調整範例，好把比賽排入行程。你會發現，我們將週四原本的節奏跑換成輕鬆跑，週五維持不變，週六則是比賽日。這是策略性的安排，因為賽事與節奏跑兩者皆能刺激無氧閾值。週日跑步改成時間更長的輕鬆跑。在這週結束後，訓練課表便要回到正軌。

　　對於使用進階課表的人來說，第四週與第六週結束是安插 5 或 10 公里賽事的最佳時機。課表前幾週聚焦於速度跑與節奏跑，而週日長跑跑量逐漸增加。由於跑者對第四週週末訓練安排已經熟悉，

週五	週六	週日	週跑量
輕鬆跑 4 英里 （7 公里）	比賽日 （5 或 10 公里賽事）	輕鬆（長）跑 8 英里（13 公里）	32～35 英里 （50～55 公里）
輕鬆跑 5 英里 （8 公里）	輕鬆跑 6 英里 （10 公里）	輕鬆（長）跑 8 英里（13 公里）	39 英里 （57 公里）

也相對輕鬆，因此可將賽事排定於該週六，第六週也是類似情況。我建議將週四節奏跑改成較長距離的輕鬆跑，畢竟你週六有場艱難比賽，週五也排輕鬆跑，週日長跑距離可比上週與下週稍短。若覺得你能應付這樣的長跑距離，不減也沒關係。若覺得比賽令你疲憊不堪，可將長跑跑量減少 20%。

　　不論你使用什麼課表，切記別安排過多比賽。為了配合比賽，你必須調整節奏跑或長跑行程，有時甚至兩者皆需更動。調整課表在訓練初期的影響較小，但隨著馬拉松賽事逼近，問題會越來越大。跑者有時會想在馬拉松幾週前先跑個較長距離賽事，以測試體能是否進步並轉換比賽心態。密西根州每年 8 月底舉辦的克里姆競賽節（Crim Festival of Races）10 英里賽事，便是絕佳的測驗場合。對於報名秋季馬拉松的人來說，這場比賽落在當地多數馬拉松登場前的 4～6 週，非常適合作為牛刀小試的賽場。當你透過比賽，將暖身與收操和原訂的 10 英里課表結合，這樣的跑量很輕易就能達到、甚至

調整訓練計畫

超越該週課表要求，這也是這場比賽能帶來的另一個好處。幾週後，密西根半馬賽事將接著登場，然而我們強力反對跑者參加這場比賽，因為比賽時間過於接近全馬，這只會消耗跑者體能、打亂訓練節奏。從以上兩個範例可以知道，為比賽調整訓練的原則在於：這些比賽必須融入課表並與訓練相輔相成，而不是讓你離目標（創下馬拉松最佳成績）越來越遠。

為行程衝突而調整

在開始馬拉松訓練之前，許多跑者的跑步方式極其隨興，隨著心情、天氣等狀況調整跑量與強度。雖然任何運動都有益身體健康，但馬拉松訓練需要更多的聚焦與策略。而馬拉松訓練最困難的挑戰便在於行程衝突。舉例來說，你的小孩每週四固定要打樂樂棒球（T-ball），這天卻是你的節奏跑行程。又比如說，你每週日都得上班賺錢，這天卻是長跑練習日。身為教練，我發現每隔一陣子便得回應跑者這類提問。我希望提供以下三項簡單準則，讓你扛起責任之餘，也能做好訓練。

準則一：維持訓練紀律

若你決定調換訓練，那變動後盡量維持一致。比方說，你將週四與週五的訓練交換，之後應每週維持下去，不要變來變去。若你本週將強化跑移到週五，下週照常在週二進行強化跑，那你在五天內便跑了兩次強化跑。這不僅破壞訓練平衡，更可能導致身體受傷與過度訓練。若你知道每週某天固定有事，請確保調整後的訓練模

式能維持數週或數月。若你週日固定上班整天，整個訓練期間都應把長跑改至週六。規律才是王道。你越能維持訓練紀律，進步速度就越快。

準則二：確保休息與輕鬆跑到位

簡言之，你應該在兩個素質練習日子中間安排休息或輕鬆跑，這能讓你的身體適當恢復。若你錯過週二速度跑，改在週三完成，週四卻照常節奏跑，那根本是自找苦吃、受傷機率大增。在這種情況下，最好的辦法是將節奏跑移到週五，然後安排週六輕鬆跑、週日長跑。你絕對能想出辦法調整訓練行程並兼顧責任。

準則三：有練總比沒練好

以先前例子來說，你錯過週二的素質練習，也找不出其他日子替補，此時該怎麼辦呢？其一選項是跳過即可。立刻設下停損點，期待下一場素質訓練。有時候，沒辦法就是沒辦法。若你沒時間做完全部訓練，那或許稍微跑一下或是縮短訓練時間，能做多少算多少。即使只是 25 分鐘的跑步，也勝過完全放棄訓練。

需要更多恢復時間而調整

我們在第九章會詳列一些很棒的恢復策略。為了加速恢復，我們建議你不妨試試這些做法。但其實我們也能透過調整課表的方式滿足恢復需求。比方說，週二與週四的素質訓練很硬，令人心生畏懼，與其輕言放棄全部訓練，倒不如將週四節奏跑與週五輕鬆跑互

換。如此一來，你在兩個高強度訓練日（週二與週五）中間便能享有兩天恢復時間（週三休息與週四輕鬆跑）。

為傷病而調整

因傷病而調整訓練，特別令人洩氣。你耗費數月時間準備全馬賽事，過程中難免會遇到身體不舒服的時候。另一方面，雖然好的訓練計畫能降低受傷機率，卻無法完全避免。即使你遵照一切指示執行訓練，仍可能不小心跌倒摔傷或扭傷腳踝。

首先，你必須判斷自己的狀況，究竟是需要休息一兩天？或是調整課表即可。若你對因故產生的疼痛疑慮，以下幾點可幫助你做出判斷：

· 從 0 至 10，疼痛指數不應超過 3。
· 疼痛不能過於嚴重，導致你在跑步期間或之後跛腳行走。
· 若你得吃止痛藥才能跑步，那你不該繼續訓練。

生病的準則就沒那麼明確。我們通常建議，若你發燒就停止跑步、好好休息。發燒時還硬撐跑步，只會拖累恢復速度、有害無益。但如果你只是感冒流鼻水，那勉強可以嘗試看看，或調整當天訓練內容。

下方是一些每日安排的準則，幫助你調整當天的訓練，將體能耗損程度減至最低。請依照個人情況選擇適合的調整方式，讓訓練情況變得更好而非更糟。

1. 按表操課。

2. 課表不變，但換成同等性質的訓練（例如：10 趟 400 公尺速度跑、400 公尺恢復跑，改成 10 趟 2 分鐘速度跑、3 分鐘恢復跑）。

3. 整天訓練量不變，但調整訓練內容（降低配速或減少素質練習跑量）。

4. 整天訓練量不變，但只跑輕鬆跑。

5. 只跑輕鬆跑且跑量降低。

6. 交叉訓練與核心／阻力運動。

7. 核心／阻力運動。

8. 休息。

我們偶爾還是會遇到被迫中斷訓練幾天的情況，課表此時勢必需要調整（比較不好的是放棄原來的訓練目標）。依照中斷天數長短，你可以參考下方建議。

錯過 1 ～ 2 天的訓練

你可能扭傷膝蓋或生病臥床一兩天。若休息過後狀態如初，直接恢復訓練即可，不必減少跑量或強度。你只是少跑步一兩天，沒什麼損失。舉例來說，若你週末長跑不小心扭到腳踝，導致你暫停週一與週二跑步，那週三恢復訓練即可。若你覺得狀態不錯，也可於週三完成週二錯過的素質練習，然後把週四節奏跑移到週五。這能讓你完成本週所有素質練習，同時在兩個素質練習中間安插輕鬆

跑或休息日。若是你無法做任何調整,直接跑週四節奏跑就好,不必堅持完成錯過的訓練。錯過太多訓練,可能讓你無法達成馬拉松目標,但若只錯過一場,影響有限。

　　若你使用只求完賽課表進行訓練,錯過一或兩天訓練無關緊要。錯過一天的話,那就像沒事發生一般,直接恢復訓練即可。錯過兩天的話,可將恢復後第一個訓練的里程減少 1 ～ 2 英里,之後按表操課。

錯過 3 ～ 6 天的訓練

　　就算你在這段時間都沒跑步,生理適應退化情況也很有限。錯過這麼多天訓練的人,通常不僅只是感染輕微流感或單純疼痛那麼簡單。若你覺得體能狀況還可以,恢復期間也可做些短跑或輕鬆跑。若你連起床的力氣都沒有,那我可以向你保證,錯過這幾天訓練不至於影響馬拉松比賽結果。若錯過 3 ～ 4 天訓練,你恢復時可以先跑個 2 ～ 3 天輕鬆跑,之後再跟著課表安排。若你使用只求完賽課表,前三次跑步跑量先減少 25 ～ 30%,之後按表操課。若錯過 5 ～ 6 天訓練,先跑 3 ～ 4 天輕鬆跑,然後回到前一週課表,之後跳回原本課表規畫。舉例來說,若你錯過第三週訓練,第四週先跑輕鬆跑,第五週回到第三週課表,之後接到第六週訓練。

錯過 7 ～ 10 天的訓練

　　這會讓你的身體開始失去部分生理適應好處。正如俚語所說:「得到很難,失去卻很容易。」我們得付出大量時間與精力才能提升體能,體能退步速度卻很快。一個禮拜多中斷練習,會需要較大

幅的調整規畫與目標，特別是那些使用進階與新手課表的人。但目標是否需要調整，取決於跑者何時錯過訓練。若中斷發生在強化跑訓練開始前，那跑者不需調整比賽目標；但若中斷發生在強化跑登場後，跑者或許得修改完賽目標時間。原因有二：首先，跑者可能沒時間完成所有訓練；其次，時間不夠充足，身體無法產生生理適應。請注意，若你在這段時間仍能做些短距離輕鬆跑，醫生也同意放行，這可以大幅減少你回到正常訓練的時間。你不需要放棄跑馬拉松的計畫，但調整在所難免。

當你恢復訓練時，應該先從輕鬆跑開始，輕鬆跑天數與你錯過天數相同。若你錯過一週訓練，便需跑7天輕鬆跑。之後回到你能完成訓練的那週課表並重複進行一週，接著是你錯過的那週課表，從這裡接上課表安排。換言之，錯過一週得花三週恢復。若你在訓練中斷時有跑一些輕鬆跑，那可以扣掉一週時間。雖然此建議適用於訓練任何時期，但在強化跑開始後，你算一下便會發現時間不夠。儘管許多人調整的速度很快，但他們的比賽目標可能仍需下調。一旦你進入訓練最後4～6週，參加比賽的優缺點必須仔細衡量。若你一心想達成波士頓馬拉松參賽標準，卻錯過10天訓練，僅剩5週就是比賽時間，那你最好選擇其他比賽以爭取更多訓練時間。若你不介意成績未能達標，參加也沒關係。而使用只求完賽課表的人恢復訓練時，先以你能完成的那週課表跑量作為基準，首週跑6成跑量，隔週跑完整的跑量，之後回到你當初中斷時的那週課表。

錯過11天以上的訓練

不論你用的是什麼課表，如果被迫中斷這麼久時間，你都得面

　　　　　　　　　　　　　　　調整訓練計畫

臨艱難的抉擇。在錯過兩週訓練後，你的生理適應大幅退化，最高可達 3 ～ 5%。雖然這看似不多，但仔細思考一下，若一名跑者試圖跑進 3 小時，4% 退步意味完賽時間增加 7 分鐘。更慘的是，若你錯過 21 天訓練，體能會喪失至少 10%。這代表你的最大攝氧量與血液量都會減少 10%，無氧閾值大幅降低，肌肉肝醣減少最多 3 成。這些都是決定你馬拉松表現的重要因素。若你因受傷中斷 14 天訓練，得耗費至少 2 週時間才能勉強達到先前水平，當然，你距離原有目標也越來越遠。若中斷發生於強化跑加入課表期間，那你根本沒有足夠時間恢復體能並做好比賽準備。

在這種情況下，進階跑者或許可以改做較短距離賽事的訓練並完成比賽，儘管他們比賽成績不如原先設定。但新手跑者或首次接觸馬拉松的人應特別謹慎，畢竟他們錯過如此多的訓練時間卻執意參賽。對這些跑者來說，更改賽事或調整完賽目標是比較實際的做法。在多年教學經驗中，我看過許多人受傷後趕著回來，導致他們身體恢復不完全，往往也因此換得了糟糕的馬拉松體驗。

若你執意參加原先排定的賽事，請確定自己了解狀況（中斷訓練勢必影響體能）。若你錯過 2 週訓練，請將比賽目標調降 3 ～ 5%。若你錯過將近 3 週訓練，比賽目標則需調降 7 ～ 10%。舉例來說，跑者訓練中斷 14 天，完賽目標是 3 小時 30 分，調整幅度應為 6.3（210分的 3%）～ 10.5 分（210 分的 5%），新目標應為 3 小時 36 ～ 41 分。若你錯過 4 週時間，建議你直接換場賽事。

避免訓練中斷

我們傳授你各種調整訓練的方式，但我們認為，最好的做法是不要錯過任何訓練。即使你的雙腿疲勞酸痛也要堅持下去，因為酸痛並不代表受傷。在馬拉松訓練期間，你一定會遇到雙腿酸痛難耐、無比疲勞的情況，甚至全身都在發疼。許多的生理適應，就來自於這些辛苦時刻。

但如果是受傷的話，你應該採取不同做法。若受傷不嚴重，你最好趁休息時找出問題根源，否則當你重新投入訓練時又會遇到一樣問題。以脛骨疼痛為例，你必須找出減少疼痛的方法，像是換雙跑鞋或進行重量訓練等。若身體允許，你在復原期間可以持續進行短跑或輕鬆跑，但是強度與跑量都要降低。如果你能找出受傷原因並接受治療，就不必為了復原而暫停所有訓練，只要降低訓練量即可。當你能維持部分體能，中斷時間便可大幅縮短，讓你盡快恢復常規訓練。

PART III——THE STRATEGY

第三部　策略

第六章
選擇比賽目標

　　針對漢森訓練課程的新手跑者，我們首要任務是協助他們選擇比賽目標。目標不明確會讓馬拉松體驗大打折扣。市面上多數課表只求幫助跑者完賽，它們最大的問題在於無法讓跑者逐漸適應高跑量，這會讓訓練與比賽充滿挫折，甚至痛苦無比。而我們的只求完賽課表不僅能幫助你完成賽事，更希望你能挑戰自己的潛能極限。其他課表通常週間跑量極低，週末卻安排艱苦無比的長跑（占週跑量50％以上）。只求完賽課表則提供你首次接觸漢森訓練法的機會，作為你日後更高難度訓練的基礎。

　　我們建議你沿用企業慣用的「聰明」（SMART）原則設定目標，也就是具體（Specific）、可量化（Measurable）、可達成

（Achievable）、實際（Realistic）與有期限（Timely）。具體的目標必須定義明確，跑者不能說「自己只求完賽」，而是應該訂下特定目標。此目標必須是可量化的，完賽時間3小時25分便是一例。此外，你也得確認該目標是可達成的。對於3小時40分紀錄的跑者來說，3小時25分算是合理目標，但對最佳成績5小時25分的人來說就過於困難。而實際的目標應將你的體能狀況與行程限制考慮在內。若你一週僅能訓練4天，那就不太可能達到2小時25分成績。最後，目標必須在一定期限內，這點很簡單，這就是你開始訓練到賽事舉辦的時間。遵循「聰明」原則，讓你更可能達到預設目標。

我們鼓勵跑者在挑戰馬拉松前先設定短期目標。當跑者從跑5公里、10公里晉級至半馬、全馬，他們的有氧能力提升，能忍受更大訓練量。此外，較短距離賽事能提供馬拉松訓練配速基準，幫助跑者設定合理完賽目標。請記住，我們的新手與進階課表專為跑者達成特定目標而設計，不僅是完成比賽而已。即使你只是想要跨越馬拉松終點線，這些課表設定的目標會比你想的更明確，安排也更扎實。對於只求完賽的跑者，他們不一定得在課表開始前就設定明確的時間目標。許多人的完賽時間不是重點，只是想完賽而已。但他們當中也有不少人會設定個人目標，像是突破5小時關卡或是中途不停下腳步等，這類目標能激勵跑者更加努力。簡言之，雖然設定時間目標並非絕對必要，但我也不反對跑者在訓練過程中找到自己的目標。

對於使用新手與進階課表的人，訂定特定目標有助於他們釐清訓練方式。我們不只是要跑者透過訓練完成比賽，更要給予他們成功征服馬拉松的工具，同時維持他們對於跑步的熱愛與對於比賽的

渴望。這些目標能指引方向，一路上提供明確路標，讓你知道該從哪裡展開訓練。

　　設定時間目標的方式有很多種，最常見的是，跑者為了參賽必須符合標準，波士頓馬拉松便是一例。這個方法最簡單，因為比賽標準早已訂好，你必須符合標準才能取得參賽門票。對跑過馬拉松的人來說，突破先前紀錄也是相當熱門的目標。我們常看到，跑者立志跑進 5 小時、4 小時或 3 小時的關卡。雖然我們鼓勵你把目標設高，但也請確認它在能力範圍內，且足以讓你維持訓練動機。我們提供以下幾項準則，讓你在設定「聰明」目標時可以參考。

目標設定準則

現在與過去的訓練狀況

　　你的目標應立基於當前的訓練基礎。舉例來說，受傷 6 個月與週跑量高達 50 英里的跑者，兩人設定的目標不會一樣。同樣地，新手與老鳥的目標也截然不同。

目前最佳成績

　　若你曾跑過馬拉松但跑量很低，即使只是略為增加跑量，都能大幅提升個人最佳成績。但若你完賽成績是 2 小時 30 分、每週跑量達 80 ～ 100 英里，那進步幅度不可能太大。試想一下，4 小時完賽跑者進步 5％是 12 分鐘，這能讓他跑進 3 小時 50 分，而 2 小時 30 分完賽跑者進步 5％是 7 分 30 秒，這能讓他從地區選手晉身全國賽事。同樣是 5％進步，對於不同速度的跑者卻有很大差別。

投入訓練時間

你投入訓練的時間長短，對於訓練品質、訓練量與最終結果影響很大。選擇目標時，請仔細算一下自己能投入多少時間訓練。這不只決定你每天可訓練時間長短或努力程度，也影響你能持續多久。比方說，一名跑者的週跑量是 30～40 英里，或許每週練 3～4 天加上一小時長跑，便足以讓他在 5 公里比賽表現突出。雖然這對於短距離賽事有用，但如果他參加的是半馬或全馬，相同的訓練時間可能無法讓他獲得足夠訓練量。週跑量 40 英里的跑者能完成馬拉松比賽嗎？多數可以。他們能在全馬跑出個人最佳成績嗎？絕對不可能。

訓練週期長短

設定比賽目標時，另一個考量重點是：現在距離比賽時間多久。若你是新手或不曾接觸過馬拉松，較長時間、逐漸增加跑量的課表會比較適合。但如果你是老鳥、訓練經驗豐富，或許訓練期可以短上許多，畢竟你跑量基礎絕佳。有些跑者偏好逐漸累積跑量的課表，有些人則傾向選擇訓練期較短但強度很高的課表。

外在因素

設定馬拉松目標時，也得考量到地形、溫度與比賽規模等外在因素。若你習慣在寒冷乾燥的天氣下跑步，比賽卻是在炎熱潮溼的氣候登場，你絕對得調整比賽目標。同樣地，你在平坦地形比崎嶇路線跑得快，兩者完賽時間當然不同。若你參加的馬拉松規模龐大，你卡在一大群跑者後頭，完賽時間自然會慢上幾分鐘。儘管計時晶

選擇比賽目標

片在跨越起跑線後才會啟動，但若是前方擠著一群礙路的跑者，那你的大會完賽成績勢必會受到影響。

完賽時間對照表

表 6.1 的完賽時間對照表對於跑者極為有用，能幫助他們依照現在能力設定實際目標。此表能讓你拿最近其他賽事的完賽時間，去推估你在馬拉松比賽的表現。它提供的是馬拉松「同等能力表現」的預測，而不是將你在較短距離賽事每英里速度乘以 26.2。舉例來說，根據表格顯示，若你 5 公里距離跑 23 分鐘，那你馬拉松完賽時間就會是 3 小時 44 分 13 秒。速度隨著距離變長而變慢，此表能顯示你在較長距離賽事的同等能力表現。

若你沒有比賽時間成績可供參考，那就實際測試一下，到你家附近操場跑步計時。測試前記得先暖身（和素質練習一樣），之後以穩定的速度用力衝刺 1 英里，結束後別忘了收操。拿這項成績比對表格，便能找出你的馬拉松合理時間目標。測試距離越長，越能準確預測馬拉松完賽時間。換言之，半馬比起 1 英里距離來得好。最好的方法是在不同距離的測驗中多嘗試幾次，看看你落在哪個範圍。但此法對於一些跑者沒用，因為他們能以接近 5 公里最快配速跑完半馬距離。每位跑者都是獨一無二的。若你能以不同距離測試多次，便能更精準預測馬拉松完賽時間。

不論如何，請在強化跑於課表登場前，也就是馬拉松專項體能的基礎訓練結束前，選好目標時間。這個目標時間可以作為後續素質練習的數據參考。

表 6.1　完賽時間對照表

1 英里	2 英里	5 公里	10 公里	15 公里	10 英里	半馬	25 公里	全馬
12:59	27:43	45:00	1:33:29	2:24:51	2:36:38	3:28:01	4:10:24	7:18:42
12:16	26:10	42:30	1:28:17	2:16:49	2:27:56	3:16:27	3:56:29	6:54:19
11:32	24:38	40:00	1:23:06	2:08:46	2:19:14	3:04:54	3:42:35	6:29:57
11:24	24:19	39:30	1:22:03	2:07:09	2:17:29	3:02:35	3:39:48	6:25:04
11:15	24:01	39:00	1:21:01	2:05:33	2:15:45	3:00:16	3:37:01	6:20:12
11:06	23:42	38:30	1:19:59	2:03:56	2:14:00	2:57:58	3:34:14	6:15:20
10:58	23:24	38:00	1:18:56	2:02:19	2:12:16	2:55:39	3:31:27	6:10:27
10:49	23:06	37:30	1:17:54	2:00:43	2:10:32	2:53:20	3:28:40	6:05:35
10:40	22:47	37:00	1:16:52	1:59:06	2:08:47	2:51:02	3:25:53	6:00:42
10:32	22:29	36:30	1:15:49	1:57:30	2:07:03	2:48:43	3:23:06	5:55:50
10:23	22:10	36:00	1:14:47	1:55:53	2:05:18	2:46:24	3:20:19	5:50:57
10:14	21:52	35:30	1:13:45	1:54:17	2:03:34	2:44:06	3:17:32	5:46:05
10:06	21:33	35:00	1:12:42	1:52:40	2:01:49	2:41:47	3:14:45	5:41:12
9:57	21:15	34:30	1:11:40	1:51:03	2:00:05	2:39:28	3:11:58	5:36:20
9:48	20:56	34:00	1:10:38	1:49:27	1:58:21	2:37:10	3:09:11	5:31:27
9:40	20:38	33:30	1:09:35	1:47:50	1:56:36	2:34:51	3:06:25	5:26:35
9:31	20:19	33:00	1:08:33	1:46:14	1:54:52	2:32:32	3:03:38	5:21:42
9:22	20:01	32:30	1:07:31	1:44:37	1:53:07	2:30:14	3:00:51	5:16:50
9:14	19:42	32:00	1:06:28	1:43:01	1:51:23	2:27:55	2:58:04	5:11:58
9:05	19:24	31:30	1:05:26	1:41:24	1:49:38	2:25:36	2:55:17	5:07:05
8:56	19:05	31:00	1:04:24	1:39:47	1:47:54	2:23:18	2:52:30	5:02:13

選擇比賽目標

1 英里	2 英里	5 公里	10 公里	15 公里	10 英里	半馬	25 公里	全馬
8:48	18:47	30:30	1:03:21	1:38:11	1:46:10	2:20:59	2:49:43	4:57:20
8:39	18:28	30:00	1:02:19	1:36:34	1:44:25	2:18:40	2:46:56	4:52:28
8:30	18:10	29:30	1:01:17	1:34:58	1:42:41	2:16:22	2:44:09	4:47:35
8:22	17:51	29:00	1:00:15	1:33:21	1:40:56	2:14:03	2:41:22	4:42:43
8:13	17:33	28:30	59:12	1:31:45	1:39:12	2:11:44	2:38:35	4:37:50
8:04	17:14	28:00	58:10	1:30:08	1:37:28	2:09:26	2:35:48	4:32:58
7:56	16:56	27:30	57:08	1:28:31	1:35:43	2:07:07	2:33:01	4:28:05
7:47	16:37	27:00	56:05	1:26:55	1:33:59	2:04:48	2:30:14	4:23:13
7:39	16:19	26:30	55:03	1:25:18	1:32:14	2:02:30	2:27:27	4:18:20
7:30	16:00	26:00	54:01	1:23:42	1:30:30	2:00:11	2:24:41	4:13:28
7:21	15:42	25:30	52:58	1:22:05	1:28:45	1:57:52	2:21:54	4:08:36
7:13	15:24	25:00	51:56	1:20:29	1:27:01	1:55:34	2:19:07	4:03:43
7:04	15:05	24:30	50:54	1:18:52	1:25:17	1:53:15	2:16:20	3:58:51
6:55	14:47	24:00	49:51	1:17:15	1:23:32	1:50:56	2:13:33	3:53:58
6:47	14:28	23:30	48:49	1:15:39	1:21:48	1:48:38	2:10:46	3:49:06
6:38	14:10	23:00	47:47	1:14:02	1:20:03	1:46:19	2:07:59	3:44:13
6:29	13:51	22:30	46:44	1:12:26	1:18:19	1:44:00	2:05:12	3:39:21
6:21	13:33	22:00	45:42	1:10:49	1:16:34	1:41:42	2:02:25	3:34:28
6:12	13:14	21:30	44:40	1:09:13	1:14:50	1:39:23	1:59:38	3:29:36
6:03	12:56	21:00	43:37	1:07:36	1:13:06	1:37:04	1:56:51	3:24:43
5:55	12:37	20:30	42:35	1:05:59	1:11:21	1:34:46	1:54:04	3:19:51
5:46	12:19	20:00	41:33	1:04:23	1:09:37	1:32:27	1:51:17	3:14:58

1 英里	2 英里	5 公里	10 公里	15 公里	10 英里	半馬	25 公里	全馬
5:37	12:00	19:30	40:30	1:02:46	1:07:52	1:30:08	1:48:30	3:10:06
5:29	11:42	19:00	39:28	1:01:10	1:06:08	1:27:50	1:45:43	3:05:14
5:20	11:23	18:30	38:26	59:33	1:04:24	1:25:31	1:42:57	3:00:21
5:11	11:05	18:00	37:24	57:57	1:02:39	1:23:12	1:40:10	2:55:29
5:03	10:46	17:30	36:21	56:20	1:00:55	1:20:54	1:37:23	2:50:36
4:58	10:37	17:15	35:50	55:32	1:00:02	1:19:44	1:35:59	2:48:10
4:54	10:28	17:00	35:19	54:43	59:10	1:18:35	1:34:36	2:45:44
4:50	10:19	16:45	34:48	53:55	58:18	1:17:26	1:33:12	2:43:17
4:45	10:09	16:30	34:17	53:07	57:26	1:16:16	1:31:49	2:40:51
4:41	10:00	16:15	33:45	52:19	56:34	1:15:07	1:30:25	2:38:25
4:37	9:51	16:00	33:14	51:30	55:41	1:13:58	1:29:02	2:35:59
4:32	9:42	15:45	32:43	50:42	54:49	1:12:48	1:27:38	2:33:33
4:28	9:32	15:30	32:12	49:54	53:57	1:11:39	1:26:15	2:31:06
4:24	9:23	15:15	31:41	49:05	53:05	1:10:30	1:24:51	2:28:40
4:19	9:14	15:00	31:10	48:17	52:13	1:09:20	1:23:18	2:26:14
4:15	9:05	14:45	30:38	47:29	51:20	1:08:11	1:22:05	2:23:48
4:11	8:55	14:30	30:07	46:41	50:28	1:07:02	1:20:41	2:21:21
4:06	8:46	14:15	29:36	45:52	49:36	1:05:52	1:19:18	2:18:55
4:02	8:37	14:00	29:05	45:04	48:44	1:04:43	1:17:54	2:16:29
3:58	8:28	13:45	28:34	44:16	47:52	1:03:33	1:16:31	2:14:03
3:53	8:18	13:30	28:03	43:27	46:59	1:02:24	1:15:07	2:11:36

利用一場賽事的完賽時間，來推算其他賽事的同等能力表現。此表與配速表不同，後者顯示的是每公里配速所對應的完賽時間。

選擇比賽目標

隨著比賽經驗增加，我還能持續進步嗎？

這取決於你的起點。不論年紀大小，只要馬拉松經驗越少，進步幅度就會越大。舉例來說，我有辦法指導一位新手，從首次馬拉松 5 小時完賽進步到第二次 4 小時（若他能走完兩個完整的訓練週期），那可是 20％的進步幅度。但若是一位資深跑者想從 2 小時 15 分縮短至 2 小時 14 分完賽，就需要更多規畫並注意細節，才能得到少少的 1％進步。5 小時完賽跑者只要多跑一點便能進步神速。但 2 小時 15 分完賽跑者必須注意更多，包括營養、伸展與肌力訓練等，才能獲得少許進步。

你必須了解自己的起點位置與過去經驗，才能推估兩次馬拉松訓練間的進步幅度。

調整目標

雖然完賽時間對照表相當有用，但部分跑者（特別是新手）展開訓練後卻發現他們必須調整目標。若你高估的自己能力，在進入較長節奏跑與強化跑課表時一定會察覺到。如果你以目標配速跑 8 英里節奏跑時已經應付不來，應該也無法完成比賽當天剩餘的 18 英里。在這種情況下，你最好稍微調低目標完賽時間，以確保自己有充足信心迎接比賽。

另一種情況是，有些跑者開始素質練習後希望提高目標。或許你一開始認為 3 小時 30 分是合理目標，如今卻覺得 3 小時 15 分更適合。這種情況確實有點麻煩。儘管我們鼓勵跑者發揮最大潛能，但我們不希望將他們推向失敗道路。若你太過熱衷地投入於訓練，過度訓練與受傷風險便會攀升，而這意味著你可能無法站上起跑線，更別說是完成比賽。請捫心自問，當你一開始訓練時，你對於最初設定的目標是否滿意？若答案是肯定的，為何要冒著搞砸訓練的風險？尤其是當比賽日逼近，貿然提高訓練的質量形同未知災難。請記住一點，想要跑好馬拉松，寧願少練一點也不要訓練過度。當跑者健康且精神飽滿地站上起跑線時，他們才有可能打破個人紀錄。

教練 Q&A

我已經 56 歲了，我還能再創巔峰嗎？

基本上，你的進步幅度取決於馬拉松經驗多少，而非年紀大小。你在首場至第二場馬拉松之間的進步空間最大，之後賽事進步幅度（如第五至第六場）就少了許多。在此事上頭，年紀因素不如你想像中重要。但若你已是經驗豐富的菁英跑者，最終仍得面對歲月考驗。這並不是說，你的表現會大幅滑落，而是訓練課表需要調整以維持你的表現。每個人情況不一，但所有資深跑者勢必都得面對體能趨於平緩、而後緩慢退步的時刻。

　　　　　選擇比賽目標

其他類型的目標

除了比賽時間這個大目標，你在訓練過程可能也會設下其他小目標。舉例來說，許多跑者之前從未嘗試 30、40 或 50 英里週跑量，或許這是他們依序征服的關卡。達到週跑量的階段目標，將能大大地激勵跑者，特別是當他們疲憊不堪、累到懷疑人生的時候。這不僅能恢復你的跑步精神，讓你繼續前進，更證明你確實有在進步。你也可以針對輔助訓練（詳見第七章）設下目標，許多跑者便靠著交叉訓練、伸展與肌力訓練目標來獲得動力。這些目標可能很籠統，像是「每次訓練後都要伸展」等。你設定的目標越大，達成小目標就越重要。

如同比賽大目標一樣，你也可用「聰明」原則設定小目標。請確認這些目標是具體的、可量化的、可達成的、實際的與有期間限制的。目標可讓你鎖定重點，賦予訓練意義。若沒有目標，跑者只能被碼表牽著走，訓練缺乏條理，注定走向失敗一途。好好思考定下目標，先設下小目標一一達成，最終必能完成終極目標。

選擇比賽目標

第七章
輔助訓練

　　或許你已經知道，想跑出最佳成績必須做很多訓練。但其實你還可以透過適量的輔助訓練來提升表現水平並預防受傷。這包括交叉訓練、伸展與肌力訓練。這些運動是用來輔助而非妨礙訓練，因此你必須慎選類型與執行時機。馬拉松訓練本身已經夠辛苦了，現在可不是上跆拳道或舉重課程的時刻。你只要執行少量交叉訓練，搭配一些伸展與重訓，便能有助於馬拉松表現。這類型運動不僅能幫助你改進身體弱點，更能增添訓練多樣性，讓你成為更棒的運動員。請記住，這些訓練用途是輔助而非取代。

交叉訓練

　　交叉訓練獲得極大的媒體關注，更是部分課表的主要項目，但漢森訓練法使用它的程度有限。理由相當簡單：想成為更厲害的跑者，最直接的方法是跑步。此概念背後原理來自於生理學，也就是知名的「專項性原則」（the rule of specificity）：你的身體會適應於施加的特定壓力。換言之，雖然 30 分鐘游泳有利於提升整體體能，但無法直接提高你的跑步能力。

　　我們總是告知參與課表的跑者，選擇交叉訓練時必須考量他們先前經驗，新的運動等馬拉松結束後再碰。雖然你在訓練期間體能變好，但切記不要對輔助訓練投注過多熱情。你在訓練期間已承受極大生理壓力，增加新運動只會讓受傷風險增加、訓練失焦。多數跑者會將輔助訓練安排在週三，也就是休息日。雖然騎自行車或做皮拉提斯對你身體各方面健康有益，但這些運動可能妨礙你跑步後的恢復進度，導致運動效益大減，甚至帶來反效果。若你習慣騎腳踏車上班已有多年之久，那繼續下去沒有問題，你身體早已習慣此運動帶來的刺激。但若騎車距離超遠，或許得考慮在素質練習日改坐公車。若你在馬拉松訓練前早已是皮拉提斯迷，你只需減少，不用完全停止這類運動。請記住，**想開始任何新運動，等到馬拉松結束後再說**。

　　你的身體會告訴你，是否應該從事交叉訓練。若你跑步時的疲勞已經很難恢復，就不該再增加輔助訓練。若你覺得自己可能過度訓練，以輔助訓練取代跑步並非好方法。在這種情況下，休息一天會比較好，如此你才能精神絕佳地應付隔日訓練。若你已照著課表

安排但仍覺得需要跑步以外的運動，我們會建議你不要做交叉訓練，反而應該加入伸展與重訓，詳細內容將於本章稍後討論。

我們偶爾會遇到某一類跑者，他們堅稱自己無法承受高跑量，因此必須以交叉訓練取代這些里程。我不會馬上同意他們的請求，反而仔細檢視任何有害跑步的因素，像是跑步配速、跑鞋裝備，以及他們參加何種賽事等。最後發現，十之八九是訓練出了問題。偶爾才會出現一兩個案例，這些人不論如何調整課表都無法適應跑量。若你屬於這類人，建議你好好評估一下比賽目標。若發現真的無法應付這麼高的跑量，馬拉松或許不適合你，這也沒關係。但我們多年經驗顯示，許多跑者將原來的課表（週間低跑量搭配週末超長跑）改成我們的課表（適當週跑量搭配長跑）後，這個問題便消失了。

儘管我們建議你謹慎地運用交叉訓練，不可否認的是，它在馬拉松準備過程中仍扮演著極小但有其地位的角色。其一理由是它能幫助你從受傷中恢復。若你發現自己受傷了，輔助運動能讓你更快回到場上，原因在於負重運動能讓更多血液流至受傷區域，幫助組織復原。此外，它也能提升心血管能力，讓你恢復跑步的過程更為順利。這比起癱在沙發上等待傷口痊癒要好太多。

在受傷期間，最好選擇與跑步類似的交叉訓練，像是滑步機或室內腳踏車。雖然划船機對於提升心肺功能更好，但它過度強調上半身運動，無法幫助跑步肌肉發展。請注意，依照受傷的部位不同，搭配的交叉訓練也不一樣。若你足部骨折，騎腳踏車只會惡化傷勢。請注意這些運動是否會影響患部，盡量避免疼痛發生。

除了受傷因素，我們也建議跑者在中斷跑步訓練期間改以交叉訓練替代。舉例來說，在跑完馬拉松後，使用我們菁英課表的跑者

按規定必須停止跑步 2 週。全馬 26.2 英里距離的跑步，已讓跑者身心俱疲，對於首次嘗試的人更是如此。2 週休息可以讓跑者修復受傷肌肉、恢復精神並計畫下一步。此時交叉訓練便能派上用場，一方面讓跑者繼續燃燒熱量，同時保有辛苦訓練得來的生理適應。

最後，我們也推薦新手跑者從事交叉訓練，這可以幫助他們過渡至跑步運動。對於從未跑步或習慣久坐的人，他們每週能承受的跑步天數有一定限制，至少訓練初期是如此。他們一開始也許只能跑 15 分鐘、一週最多 2 或 3 天，此時其他天便可安排滑步機、腳踏車或走路行程。隨著他們體能提升，這些交叉訓練的日子便可換成跑步。對於真正新手來說，他們可能得耗費數月才能習慣每週跑 5 ～ 6 天。在這種情況下，交叉訓練可作為最棒的中介，並可提升體能，幫助他們從新手轉變成為每週跑數天的老鳥。

柔軟度與伸展運動

柔軟度在跑步界向來是熱門議題。我清楚記得，中學時代參加田徑隊時，從健身房小跑至操場訓練前，隊長都會對著我們高喊「跨欄伸展！」與「換腿！」等口令。長期以來，沒人真正清楚這類改善柔軟度的運動好處在哪。事實上，「柔軟度」本身意義很含糊，它到底是指什麼？這個籠統詞彙涵蓋許多不同概念。在本章節中，我會試著拆解它的含義並給予你實際指導。

自 1970 年代跑步熱潮興起以來，伸展運動便與跑步密不可分。但此議題比你想像的更複雜，伸展運動以各種不同方式影響跑步。柔軟度的定義是，特定關節的最大靜態活動範圍（Range of

輔助訓練

motion, ROM）。柔軟度越高的人，關節活動範圍越大，圍繞關節附近的肌肉伸展性越高。肌肉伸展性越高越不容易受傷，但這也代表肌肉無法產生更大力量。就如同玩具彈力超人阿姆斯壯（Stretch Armstrong）一樣，你越拉扯它的手臂，它的肌肉看起來越弱。你的肌肉也是如此，你越拉長肌肉，它產生的力量越小。而這正是主動關節活動度（Active ROM）重要的原因，此類型的柔軟度是透過「動態伸展」（dynamic stretching）而得來，也就是「針對跑步關節與肌肉執行的一系列主動動作」。為了適當執行伸展，你必須了解靜態伸展（static stretching）與動態伸展的差異與使用時機。儘管多年來研究結果時有衝突，但最新與最可信的證據顯示，兩者皆有用處與重要性。重點是：你必須在適當時機選擇正確的伸展類型，才能提升跑步表現，並預防受傷。

動態伸展

這類伸展運動透過規律動作以改善活動範圍，這些動作是刻意且受控制的。其中一類主動伸展稱為「彈震式伸展」（ballistic stretching），這是一種快節奏、彈震式的運動，讓關節超過正常活動範圍。它的危險度極高、受傷機率大，我們通常建議跑者避免這類伸展。但動態伸展不一樣，它透過適當的姿勢與動作，幫助你合理地改善活動範圍。動態伸展對跑者有許多好處。首先與最重要的是，它能減少肌肉僵硬程度，進而降低受傷風險。它也能幫助身體放鬆，肌肉又不至於伸展過頭而導致力量減少，能讓你跑得更快。事實上，動態伸展能夠刺激快縮肌與中間肌，這經常是傳統跑步訓練忽略的重點。這類伸展的另一個優點是，它能強化大腦與肌肉的

連結，讓肌肉纖維與神經系統合作無間。

　　動態伸展應在你的主要跑步訓練之前執行。這能發揮兩個用處。首先，它能作為休息與跑步間的銜接橋梁。舉例來說，我們團隊固定於早上 8 點晨跑，我在跑步前總會做幾分鐘的動態伸展。這有助於我放鬆、起步更快。其次，動態伸展可以改善跑姿並提高跑步經濟性，因為它專注於跑步的特定動作。

　　正確執行方式如下，先暖身跑步 1 ～ 3 英里，之後挑下方你喜歡的幾個動作來做，順序沒有一定。前 6 個動作稱為「動態暖身等級一」，適合排在輕鬆跑或長跑之前，時間別超過 10 分鐘。在素質練習之前，你可將第 7 ～ 12 個動作（動態暖身等級二）加進去，時間別超過 20 分鐘。

動態暖身等級一

1. 直臂畫圓
採站姿，雙腳與肩同寬，以畫圈順時針方向轉動手臂，就如同螺旋槳葉片一樣。手臂不要超過胸部。背部挺直、膝蓋微彎。反復轉動 6～10 圈後，換成逆時針方向 6～10 圈。這個動作能放鬆上半身主要肌肉，提升跑步效率。這非常有用，因為跑者手臂與肩膀經常有過度緊繃的問題，步幅難免會受到影響。

2. 站姿側伸展
一開始姿勢與擺動雙臂相同，但右手叉腰，伸直左臂，身體緩慢從左至右水平傾斜拉伸，注意不要前傾或後仰。重複此動作 16～20 下，換邊進行。這能維持脊椎活動度。

3. 髖部繞環
雙手叉腰，轉動臀部，如同搖呼拉圈一樣。先順時針方向轉 10～12 圈，再逆時針方向轉 10～12 圈。此動作能打開髖關節，增加步幅。

4. 半深蹲

雙手叉腰或水平伸直放在身體前方,膝蓋彎曲直到大腿與地面平行,之後緩慢伸直回到起始位置。重複此動作 10 ～ 12 下。半蹲能讓腿抬得更高,從而改善步幅,並避免動作拖泥帶水等沒有效率的動作。

5. 縱向擺腿

採站姿,身體左側靠牆壁或圍欄,把重心放在右腳(外側),左手倚著牆壁或圍欄。左腿如鐘擺般前後擺動,重複 10 ～ 12 下。換邊進行。

6. 左右擺腿

面壁站好,雙手撐牆,把重心放在左腳。右腿在身體前方左右擺動,在可接受範圍內擺動越遠越好。重複 10 ～ 12 下後換腿。

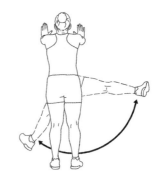

輔助訓練

動態暖身等級二

1. 跳步

輕緩地小步跳躍 30 ～ 50 公
尺或 10 ～ 15 秒。之後轉身
跳回起始位置。

2. 高抬腿

動作慢而確實，每一步都要朝胸部方向抬起膝
蓋。同時也要注意手臂搭配擺動的節奏，須與
另一側膝蓋配合。正確的手臂動作是手肘彎曲
來回擺動，如同掛在肩膀的鐘擺一樣。膝蓋上
下抬動速度要快，但往前行進的速度應穩定可
控。來回各 30 ～ 50 公尺。

3. 踢臀跑

與高抬膝動作相反，把腳後跟快速地往後踢，直
到碰到臀部，同時配合步伐前行。此動作的速度
要快，但必須穩定地往前直行。移動 30 ～ 50 公
尺後，轉身繼續踢臀跑回到起始點。

4. 交叉步

交叉步（Cariocas）又稱為「葡萄藤」（grapevine），高度講求協調性。雙腳與肩同寬，手臂伸直或微彎於身體兩側。向左移動，將右腳移至左腳後面，左腳隨即側向跨往左方，再將右腳交叉放在左腳前面。持續交換腳步。基本上，雙腿交叉時骨盆也在擺動，但上身維持不動。移動 30 ～ 50 公尺，轉身繼續此動作，直到回到起始點。

5. 箭步彈跳

此動作與高抬膝相似，但不是將膝蓋往胸部方向抬，而是利用後腿用力蹬將身體推向前方。它混合了跳步與高抬腿的特色。移動 30 ～ 50 公尺，轉身繼續此動作，直至回到起始點。

6. 輕快跑

在暖身的最後，不妨以接近 100％的速度做 4 ～ 6 趟 75 ～ 100 公尺的輕快跑。切記順著風向快跑，再逆風慢跑回起點。每次快跑不要超過 15 秒，速度慢的跑者從 75 公尺開始即可。

輔助訓練

透過動態伸展刺激肌肉組織並啟動神經肌肉連結，你能夠：(1)讓身體做好快跑準備，(2) 透過特定動作建立適當跑步姿勢，以及 (3) 強化快縮肌與中間肌的神經肌肉連結，這對於馬拉松後半段慢縮肌疲勞時用處極大。若你想要增進馬拉松表現又不想花太多時間，那我們強烈建議你將動態伸展加到訓練裡。

靜態伸展

當多數人談到伸展時，他們通常指的是靜態伸展。靜態伸展站著或坐著便能完成，與動態伸展涉及主動動作不同。多年來，跑者往往習慣在練習或比賽前做靜態伸展。諷刺的是，這或許是執行靜態伸展最糟的時刻，因為這類動作伸展肌肉過多，導致它們難以發力。肌肉拉長便失去彈性，導致力量變小、損傷機率攀升。即使如此，靜態伸展仍有其用處，只要你用對時機與方式。

那何時適合做靜態伸展呢？答案取決於你希望達到什麼目的。許多研究指出，在跑步訓練後做靜態伸展有助於預防受傷。舉例來說，小腿緊繃經證實與後腳的內旋動作有關，這會導致脛骨與腓骨（小腿骨頭）往內旋轉，因此產生脛骨疼痛。更具體來說，缺乏柔軟度會導致肌腱炎、壓力性骨折、阿基里斯腱撕裂傷與膝蓋問題。柔軟性不佳易使骨盆前傾、下背過度彎曲，導致跑者下背受傷。但我們必須釐清「訓練過後」的含義。在輕鬆跑後立即做下方列出的靜態施展，這不會有什麼問題，它能促進肌肉健康並幫助放鬆。但若你試圖改善肌肉組織的延展性，便得等到訓練之後幾小時再伸展，詳細內容將於第 185 頁討論。

訓練後的輕度靜態伸展

接下來的 9 個伸展動作應在跑步後執行，每組 1 ～ 3 次，動作維持 20 秒。切記保持動作緩慢穩定，不要伸展過頭，造成疼痛或肌肉顫抖情況發生。你應該將這些動作加入平常訓練裡，時間約占 10 ～ 15 分鐘。若你趕時間，也可以在當天稍後做伸展，但不適合安排在跑步之前。

1. 下背

背部平躺於地面。兩腿併攏、朝胸部方向抬高。雙手放在膝蓋後方，將膝蓋拉近胸口。此動作能伸展完整的背部肌肉，也就是骨盆到肩胛骨的部分。

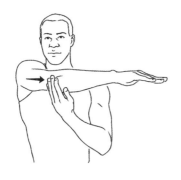

2. 肩膀

直立站好，雙腳與肩同寬。伸直右手臂，使其與軀幹垂直。左手放在右手肘部位或略接近肩膀的位置，輕輕扣住右臂，往左側推。結束後換左手臂。我們肩膀經常有緊繃問題。許多跑者疲勞時會開始聳肩，導致跑姿不佳、浪費力氣，這個動作有助於改善此一問題。

輔助訓練

3. 胸部

面向敞開的門站好，雙腳與肩同寬。一隻腳略微往前以保持平衡。雙手打開（整個人呈 T 字形），手臂靠在門框兩邊牆上，手掌碰到牆壁。身體往前傾，直到感覺胸肌與二頭肌略為拉伸。許多跑者胸肌過於緊繃導致駝背。此動作能矯正姿勢，提高跑步效率。

4. 小腿肌群

距離牆壁一或兩隻腳的位置站好，上半身往前傾，雙手抵著牆壁。左腳固定不動，右腳往後移動 12 英寸。腳跟應貼在地面。當胸部靠近牆壁時，略為彎曲右腿以拉伸小腿肌肉。完成後換邊。小腿肌肉靈活性提高，有助於避免內外旋與肌腱問題。

5. 臀肌

平躺於柔軟、平坦的地面。彎曲左腿膝蓋，但腳跟仍平踩於地面上。接下來彎曲右腿，將腳踝放在左膝上頭。右腿應與左腿垂直。雙手環抱左腿，將左膝蓋盡量往胸口拉以伸展右腿外側與臀部肌群，結束後換腳。

6. 鼠蹊部

一開始採站姿，雙腳打開略寬於肩膀寬度。左腿側向伸直，右臀下蹲。為了維持平衡，你可將雙手放在右膝上頭。你應會感到左腿內側明顯拉伸。結束後換腿並重複。

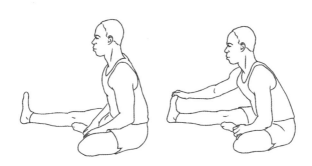

7. 腿後肌群

坐在平坦柔軟的地面。左膝彎曲，讓左腳底板碰到右大腿內側。右腿應保持伸直但膝蓋微彎。從腰部位置緩慢將手和上半身往右腳靠攏，如此才能針對大腿後側肌肉而非上背拉伸。換成右腿重複此動作。

輔助訓練

8. 髖屈肌／股四頭肌

右腿往前跨，如同弓箭步一樣，左腿往後伸展，左膝碰地。右膝應在右腳踝正上方。保持軀幹中立，右臀往前推，讓右膝超過右腳踝，而左膝位於臀部後方。你應會感到左髖屈肌與股四頭肌遭到拉伸。換邊重複此動作。

9. 髖部

坐在地上，右腿伸直，左腿跨過右腿。左腿應在右腿外側。接下來，將右臂放在左膝上，讓手肘位於左膝外側，或是直接用右手抓住左膝也可。左手臂放在臀部後頭作為支撐。上半身往左邊旋轉，右手（肘）往右推。換邊重複此動作。

第 5 到第 9 個動作目的相同。骨盆肌肉用於穩定身體，但它們也會限制動作範圍。若這些肌肉過於緊繃，你的正常步幅（Stride length）會變小，導致跑步經濟性下降。讓這些肌肉維持彈性、能夠自由動作，你的步幅便會變大。

若你的目標是拉長肌肉組織，那你應維持伸展姿勢更久時間，雖然這可能會引發疼痛。當我們拉長肌肉時，基本上是在扯開一團肌肉纖維。雖然拉長肌肉組織會令人不舒服，但好消息是不必所有肌肉都做靜態伸展。絕大多數人只要鎖定阿基里斯腱、髖部屈肌或大腿後肌便即可。

維持這些伸展姿勢 3 ～ 5 分鐘，一直到你覺得有些不舒服。請記住，改變是需要時間的，就算你每天都做靜態伸展，想看到明顯變化仍需 12 週左右的時間。

肌力訓練

肌力（阻力）訓練是部分跑者會選擇做的另一項輔助運動。它能增加肌力、幫助你跑步。首先且最重要的是，這能改善跑姿，特別是當你感到疲累時。最近我們在一名女性跑者身上做了最大攝氧量測試，並觀察她在測試過程的跑步姿勢變化。在最後階段時，她的姿勢明顯變糟，特別是下背區域，這導致她圓肩且步幅大幅縮小。後來她開始跟著我們的課表訓練並加入下方討論的部分輔助訓練。14 週之後，我們再度做了測試，此次結果相當驚人！她在這次測試多跑了約 6 分鐘，且全程維持良好跑姿。過了 2 週後，她在馬拉松跑出個人最佳成績，足足比先前比賽快了 8 分鐘以上。

其次，重量訓練能讓肌肉變壯，進而預防受傷。最後，它能訓練身體在耐力型賽事中延後徵召快縮肌，因此能夠抵抗疲勞。

廣義的肌力訓練包含的種類眾多，包括先前提到的動態操、核心肌群訓練與自由重量等。我經常聽到跑者說，他們擔心體重變重、身材變壯而不想做重量訓練。儘管這理論聽起來沒錯，但實情是，想增加肌肉量沒那麼容易。若你能以合適訓練量做正確的運動，那根本不必擔心這件事。換言之，每個禮拜從事基本肌力訓練2～3天、每次30分鐘，不至於讓你變身綠巨人浩克，只會讓你成為更強壯、更棒的跑者。

跑步課表能搭配的輔助訓練眾多，你該如何選擇呢？我們的基本原則有三：(1) 它應該是搭配、而非取代跑步的訓練。(2) 它應該要改善你的弱點、修正肌肉失衡並改進跑步姿勢，也就是提升你的跑步表現。(3) 它應該是不費時且易於執行的。

肌力訓練也有程度的分別。如同新手跑者不適合訓練首日就從事速度跑，我們也不會要求沒接觸過肌力訓練的人從奧運舉重入門。新手一開始會從基本徒手訓練開始。若你將這類運動與動態伸展結合，那你一定能變得更強壯。先這樣維持數週，等到你熟悉後，或許可能考慮加入阻力訓練（Resistance Training，RT）。執行方式極為彈性。若你在白天跑步，那你輕鬆跑後便可立刻做這些運動，或是等到工作休息空檔或晚上在家看電視時做也可。若你在晚上跑步，同樣可在輕鬆跑後立刻做，或等到隔天清晨，善用等待咖啡煮好的時間進行。

徒手訓練

1. 捲腹

背部平躺，膝蓋彎曲，雙腳著地。
收縮腹部肌肉以抬起軀幹。許多人
會借用腳蹬或甩動的力量將身體帶

起來，這兩者皆無法達到我們想要的訓練效果。捲腹重視的是腹部
收縮的微小移動，這可能只有幾英寸距離。可以從 3 組捲腹、每組
10 下開始，經過幾週後，再進階至每組 25 下。到那時，你可以透過
增加組數或重複次數提高難度。腹部力量變強對於維持跑步姿勢相
當重要，同時也能穩定骨盆，進而改善步幅範圍。

動作變化：你也可以在抗力球上做捲腹。膝蓋彎曲 90 度，將球作為
背部支撐，收縮腹部肌肉來抬起上部軀幹。

2. 背部延展

面部朝下趴在地上，將大部分重量
壓在胃部區域。雙腿打直、與肩同
寬，雙臂向前延伸（也可將雙手貼

在後背）。收縮下背肌肉，肩膀保持穩定，讓整個背部挺起拉直。
維持 2 ～ 3 秒後再放鬆，重複 12 ～ 15 次。當我們跑步時，背部吸
收每次落地的衝擊力量。背部越強壯，越能承受這種衝擊。

動作變化：你也可在抗力球上伸展背部，腳趾可放在地上維持平衡。

3. 超人式

此動作與背部延展類似，但不僅收
縮背部肌肉而已，同時還要抬起對
側手腳。面部朝下趴著，同時舉起
左手臂與右大腿。超人式能同時強
化手臂、臀部與背部力量。每次收

縮維持 1 ～ 2 秒再放鬆，兩邊各重複 12 ～ 15 次。上背力量變強便
不容易駝背，因而改善跑步姿勢與上半身跑步動作。

動作變化：你也可在抗力球上執行此動作。

4. 深蹲

一開始採站姿，雙腳與肩同寬，雙手置於兩
側。彎曲臀部與膝蓋，像是你要向後坐椅子
一樣。蹲下時盡可能讓臀部靠近地面，這樣
臀肌與腿後肌才能參與更多。若你深蹲無法
超過 90 度，盡力就好。經過一段時間練習
後，你一定能蹲得更低。

5. 橋式

躺在地板上，雙腿彎曲，雙腳著地。
最理想狀態是雙臂交叉於胸前，但
做不到的話，也可將手臂置於兩側
以維持平衡。收縮臀部、背部與腿後肌群將身體抬起。唯一接觸地
板的只有肩膀與雙腳。每次收縮維持 1 ～ 3 秒，重複 12 ～ 15 次。
熟練後可進階至單腳版本，也就是一腳彎曲，另一腳伸直，將身體
抬離地面。此動作可特別強化臀肌與腿後肌，跑者這兩種肌肉通常
較弱，不如股四頭肌。這個動作也能拉伸經常緊繃的髖屈肌。

6. 側棒式

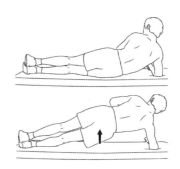

傳統棒式針對的是腹直肌，側棒
式則聚焦於腹斜肌。身體右側躺
於地板上，接著彎曲右臂，讓肱
骨（肩膀到手肘的骨頭）作為支
撐，前臂對比身體其他部位呈現
垂直狀態。右腳應置於地板上，
左腳靠在上頭。身體中段不要下
垂，也不要彎腰。維持此姿勢 10 ～ 20 秒，之後換邊。等你變強後
便可增加秒數。此動作有助於平衡腹直肌與腹斜肌力量。

以上這些肌力訓練運動，足以為阻力訓練打下良好基礎。不妨將它們加進你的跑步課表，你一定會在數週後看到身體出現變化。跑步占掉你大多數時間，但迅速、簡易的肌力訓練能有效提升跑步表現並抵抗疲勞。

等你習慣徒手訓練後，就可以開始增加負重重量，方式包括啞鈴、拉力帶或拉力繩、藥球、機械器材或其他自由重量。你可以選擇最適合自己的方式。不論選擇哪一種，你的肌肉一定會變得更強壯。等到你更熟練後，便可嘗試下方描述的阻力訓練。

阻力訓練

阻力訓練應執行 1 ～ 3 組，每組重複 10 ～ 12 下。你剛開始可能只能做一組，等你稍微休息後再增加一組。在每組最後幾下時，你應該會覺得耗盡力氣，無法再以正確姿勢做下去。這點非常重要，因為最後這幾下通常能帶來最大生理刺激適應。請選擇你覺得有點重、但至少可以做到 10 下的重量。請記住，所有的動作都要在你可以控制的狀況下進行，2 組中間應休息 60 秒。

上半身

1. 啞鈴臥推

躺在板凳或地板上，手臂伸向兩側，兩手握著啞鈴。彎曲雙腿，讓雙腳平放於地上。將啞鈴往上推、遠離胸部，直到手臂與身體垂直。以相同方式放下啞鈴，直到啞鈴略低於肩線。

2. 啞鈴肩推

坐在靠背的板凳或椅子上，雙腳平放於地上。手持啞鈴，抬起雙臂（與身體平行），手肘彎曲 90 度。啞鈴此時應在兩側耳朵附近位置。抬高啞鈴直到手臂伸直。注意不要讓整個背壓在椅背上，輕微貼到支撐就好。將啞鈴下放至起始位置。

3. 單臂划船

站在板凳的右側，右手持啞鈴垂放。將左手與左膝放在板凳上，背部與板凳平行。右手將啞鈴垂直拉至胸部高度。慢慢讓手臂回到起始位置。做完一組後再換邊。

下半身

4. 啞鈴硬舉

站立時，雙腳打開與肩同寬，啞鈴放在兩腳外側。蹲下並拿起啞鈴（一手一個）。屁股應接近地面，保持挺胸，這是起始位置。握著啞鈴起身時，先由雙腳啟動打直，再銜接挺直背部。回復起始動作時保持軀幹挺直，慢慢地從背部到腿部下放，回到起始位置。

5. 弓步蹲

兩手各握一個啞鈴，右腿往前跨一大步下蹲。前後膝蓋皆大約成 90 度角。重心往前，伸直右腿起身，讓左腿順勢往前「擺盪」至原來位置。接下來換左腿。兩邊各做 10 ～ 12 下。

6. 側弓步

站立時，雙腳打開與肩同寬，將啞鈴抬至胸部高度、靠近身體。膝蓋略為彎曲。左腳固定，往右跨一大步並下蹲，讓右膝彎曲成 90 度角。推起右腿回到起始位置。接下來換邊做，直到兩邊各做完 12 下為止。

教練 Q&A

跑步訓練期間，適合增加重訓強度嗎？

首先，你最好先熟悉徒手訓練動作，在這個階段至少花 2 週時間。之後，你可以每週加入一次阻力訓練（安排於輕鬆跑或休息日），同時維持一週 1 ～ 2 天徒手訓練。3 週過後，你可以每週做 2 次阻力訓練，同時持續徒手訓練。徒手甚至可作為阻力的暖身。

若你距離馬拉松比賽只剩不到 10 天，我們建議你做徒手訓練即可。等到馬拉松結束、恢復跑步後，你再提高輔助訓練的強度。

若你想要的話，也可升級至爆發性更強的奧林匹克式舉重運動。但切記姿勢別跑掉。不妨尋求專業教練的指導，他能示範正確的動作姿勢。

本章節提供了大量的輔助訓練資訊供你參考，但實際訓練究竟是什麼樣貌呢？請參見附錄 B 範例，這能幫助你更了解該如何將伸展與重訓加入課表。

第八章

營養與水分補充

　　當你開始馬拉松訓練時，若能對於營養與水分補充有基本認識，便能大大提高成功機率。正如俚語所說：「吃什麼補什麼。」簡言之，當你在油箱裡加對油，訓練與比賽都會進步。千萬別低估飲食選擇與補充水分的重要性。我們不是合格營養師，所以本書的建議都來自於我們多年的教學與比賽經驗。我們提供的是一般性建議，若想獲得更專業的指導，請進一步諮詢營養師或醫師。

馬拉松營養

　　想完成艱苦的訓練，你在營養方面必須考慮三件事：攝取足夠

卡路里、攝取對的卡路里，以及慎選攝取時機。當你學會這些知識，便能為訓練與比賽做好準備。

攝取足夠卡路里

馬拉松訓練是非常艱鉅的任務，你的卡路里需求與長時間靜坐或偶爾運動者不同。透過攝取足夠卡路里，你將維持健康體重並支持訓練所需。過度缺乏的熱量會嚴重影響訓練與運動表現，導致過度訓練與增加傷病機率。時常擔憂吃太多、刻意節食的跑者，最後的下場通常是倦怠或受傷，這些情況最快可能在訓練第 6 週左右就出現。

或許你想在馬拉松訓練期間減掉一些脂肪，但現在可不是展開減肥計畫的好時機。我們發現，光是艱辛訓練，長期下來便足以讓你體重減輕，飲食不需大幅調整。請記住，為了維持跑步訓練，你的身體需要適當的能量補充，因此跳過一餐不吃或過度限制卡路里攝取（減少 1,000 卡以上）將大幅傷害訓練品質，必須盡力避免。這樣的飲食方式不僅不健康，也讓你的日常訓練無法發揮最佳潛能，進而拖累比賽表現。

估算卡路里攝取量

下方兩個公式，能幫助你迅速了解每日需攝取多少卡路里。它們易於使用、準確性高，依據體重與運動能力算出你所需的卡路里範圍。

營養與水分補充

1. 輕度至適度活動（每週數天 45 ～ 60 分鐘的適度活動）

體重 ×16 ～ 20 卡／磅＝每日卡路里

2. 積極活動（每週數天 60 ～ 120 分鐘適度活動）

體重 ×21 ～ 25 卡／磅＝每日卡路里

以體重 150 磅、每日輕鬆跑 60 分鐘跑者為例，下方為他所
需的卡路里範圍：

150 磅 ×16 卡／磅＝ 2,400 卡

150 磅 ×20 卡／磅＝ 3,000 卡

　　這名跑者每日應攝取 2,400 ～ 3,000 卡熱量。我們提供兩個公式，
你在訓練過程應該都會用到。很明顯地，你在長跑日必須攝取比輕
鬆跑（距離較短）日更多熱量。請以跑步里程作為選擇公式的標準，
以決定你當天所需的卡路里。過一段時間後，你便能大致推算出每
日所需，不需透過公式。但無論如何，千萬不要過度執著於數據，
它們僅能作為參考。

　　我們與不同年紀與能力跑者合作的經驗顯示，多數人高估了自
己每日所需的熱量。一般來說，男性應使用中間至較高的卡路里區
間範圍，女性則應參考中間至較低區間。年紀大小確實會有差。許
多年老跑者經常問：「我年紀不小了，是否應攝取較少熱量？」通
常來說，超過 20 歲後，男性每增加 1 歲便減少 10 卡、女性減少 7 卡。
此建議背後假設是「年紀越大，活動度通常越低」。若你每日活動
量很大，那卡路里調整幅度可以很小。

表8.1顯示，你每日卡路里該如何轉換成健康、有利跑步的飲食。你能從中了解到，每日該從各種食物攝取多少份量。等到開始訓練後，你在主要跑步前中後攝取的運動飲料、能量棒與能量膠，也都會額外提供你更多熱量。

表 8.1　依卡路里攝取標準對應的飲食分量建議

	1,800 卡	2,000 卡	2,200 卡	2,400 卡	2,600 卡	2,800 卡	3,000 卡
穀物	11 盎司	12 盎司	13 盎司	14.5 盎司	15.5 盎司	16 盎司	17 盎司
水果	2 杯	3 杯	3 杯	3 杯	3 杯	3 杯	4 杯
蔬菜	2 杯	2 杯	2 杯	3 杯	3 杯	3 杯	3 杯
牛奶／優格	2 杯	2 杯	2 杯	2 杯	2 杯	2 杯牛奶 1 杯優格	2 杯牛奶 1 杯優格
蛋白質	6 盎司	6 盎司	8 盎司	8 盎司	9 盎司	10 盎司	10 盎司
脂肪	4 小匙	4 小匙	5 小匙	5 小匙	6 小匙	7 小匙	7 小匙

此表改編自莫尼克・萊恩（Monique Ryan）著作《耐力運動員的運動營養學》（*Sports Nutrition for Endurance Athletes*）第三版（Boulder, CO: VeloPress, 2012）。

攝取對的卡路里

你如今已知訓練期間該攝取多少卡路里，但可能好奇什麼類型的食物有助於提升耐力表現。你或許已經猜到，卡路里並不是平等的。儘管卡路里數量相同，但 700 卡速食與 700 卡自家烹煮的餐點，營養價值會差很大。我們身體運作的能量來源有三類：碳水化合物、

營養與水分補充

脂肪與蛋白質。三者各有其重要性，適量攝取能幫助你補充能量，提升每日表現。

碳水化合物

提到馬拉松訓練，碳水化合物無疑是最重要的能量來源，在飲食的占比至少須達 5 成。隨著訓練時間變長，你攝取的碳水化合物也應該增加。一般跑者的碳水化合物飲食占比落在 50 ～ 60％區間，專業跑者的占比接近 70％。但過去幾年來，媒體將碳水化合物描繪成萬惡源頭，不少人試圖從「全民瘋瘦身」現象榨取利益。但這些討論卻有點誤導民眾。不可否認，我們正處於肥胖危機當中，而這對於民眾健康與國家經濟帶來極大負擔，其中最大元凶正是簡單碳水化合物。但請注意，碳水化合物分成簡單與複合兩種類型，只有簡單碳水化合物攝取過量才會危害民眾健康。簡單碳水化合物來自於精製穀物、汽水、糖果與其他加工食品，複合碳水化合物則存在於蔬菜與全穀類（燕麥與糙米等）。儘管這兩類碳水化合物在耐力運動皆扮演一定角色且直接影響比賽表現，但你的飲食重點應擺在蔬菜水果與全穀類食物。攝取複合碳水化合物不僅能滿足能量需求，更能補充重要的維生素與礦物質。

碳水化合物在耐力型運動員飲食中扮演重要角色，原因眾多。從耐力表現的角度來看，碳水化合物燃燒速度高於脂肪與蛋白質。因此當運動強度變高、達到最大攝氧量時，碳水化合物變成唯一能量來源，允許我們身體透過無氧方式持續產生能量。反觀脂肪只能在運動強度低時使用，因為它趕不上高能量需求，而當碳水化合物儲備耗盡、脂肪燃燒又不足以供應時，身體才會轉而依賴蛋白質。

碳水化合物亦有助於水分吸收，因此當你長跑期間補水時，碳水化合物將幫助胃部更快清空，允許身體更有效率地使用水分。這意味著，水分與碳水化合物能更快抵達它們的目的地，進而延後能量耗盡與撞牆期出現的時間。

　　碳水化合物亦是你的大腦與中樞神經系統主要能量來源。你在比賽後期時會感到腦筋昏沉、注意力渙散，主因在於肝醣（碳水化合物）儲備迅速耗盡。此外，碳水化合物對於新陳代謝也很重要。你可能聽過「脂肪燃燒在碳水化合物之火裡」這句話，換言之，你限制碳水化合物攝取，也可能影響到身體的燃脂能力。雖然這並未經過科學驗證，但此理論主張，碳水化合物與脂肪提供能量過程會產生某些中間產物，而這對於脂肪代謝而言是必需物質。根據我所看過的報告，脂肪在缺乏碳水化合物時還是會燃燒，但燃燒效率會減少約 20％。原因在於營養物質無法互相取代，碳水化合物資源有限，耗盡後會終止供能循環。簡言之，限制碳水化合物攝取將阻礙身體供能。最後，你的身體無法儲存大量碳水化合物，因此每日補充極為重要。碳水化合物在你建議飲食攝取量的占比極高，沒有它的輔助，你便無法持續訓練，更別說跑好馬拉松。

　　碳水化合物儲備在你的馬拉松表現中扮演極重要的角色。事實上，你的身體在肝臟、肌肉與血液裡僅能儲存約 2 千卡的碳水化合物。你的身體在中等運動強度時便開始運用這些碳水化合物，隨著強度增加，碳水化合物也加速燃燒殆盡。請參見圖 2.2，你便能了解在 60％運動強度時，一般民眾燃燒脂肪與碳水化合物占比各半。我們的碳水化合物儲備有限，而馬拉松配速正是介於最大攝氧量 60 ～ 80％間，換言之，若我們每英里燃燒 100 卡熱量，其中至少 50％來

自於碳水化合物。更複雜的是，身體會率先消耗肌肉裡的碳水化合物儲備（肝醣）。總體來說，肌肉裡儲存約 1,500 卡碳水化合物，但唯有運動到的肌肉才會燃燒肝醣，身體不允許肌肉間互借肝醣。舉例來說，股四頭肌無法取用斜方肌裡的肝醣。即使跑步時股四頭肌必須更用力，當肝醣儲備耗盡，它還是無法向斜方肌調借閒置資源。你的肌肉裡可能儲存共 1,500 卡碳水化合物，但你無法全部使用，實際可用的肝醣量因此變得更少。

此外，肝臟裡儲存的肝醣會部分保留給大腦與中樞神經系統使用，血液裡的肝醣量甚至更少，所以別對儲備與血液中能用的資源抱太多希望。事實上，當你在馬拉松遇到撞牆期時，你轉而依賴血糖支撐跑步肌肉運作，形同燃料已經耗盡。簡言之，適當補充碳水化合物，才能為訓練計畫打下營養基礎。沒有碳水化合物打底，你的身體根本無法忍受任何跑量或強度。

脂肪

脂肪是均衡飲食不可或缺的一部分，特別是考量到我們體內儲存大量脂肪這一點。有些人會限制脂肪攝取，方法包括刻意吃少一點，或是強迫自己整天攝取其他營養素以維持飽足感。由於脂肪每公克提供的熱量是碳水化合物的兩倍，少許脂肪便能讓你長時間感到飽足。脂肪亦是細胞膜結構與脊髓組織的重要成分，而這會直接影響到你的生理表現。最後，脂肪在你的飲食中扮演著重要角色，因為它能幫助身體吸收維生素 A、D、E 與 K，而這些脂溶性維生素有益健康。

除了維持健康，脂肪也有助於提升馬拉松訓練與跑步表現。當

你耐力增加時，肌肉裡的粒線體數量變多、體積變大，令你產生更多有氧能量。此時，你的身體同時利用脂肪與碳水化合物作為能量來源。但當你運動強度達到 85％以上時，氧氣開始不足，無法讓脂肪燃燒，碳水化合物因此變成主要能量來源。一般人在運動強度約 60％時便會改成燃燒碳水化合物，但耐力訓練能讓此強度門檻提高一些。這意味著，身體能在更高運動強度時持續燃燒脂肪，延後碳水化合物接手的時間，以實際狀況來說，這能讓你跑得更快、更久。話雖如此，我們也不需要攝取過量脂肪。為了達到最佳效益，脂肪應占你的飲食 20％，食物來源以堅果、魚類、種子與酪梨為主，盡量少吃肥肉。

蛋白質

蛋白質應占據你飲食的一定比重，比例約 10 ～ 15％。蛋白質能修復跑步後的肌肉損傷，同時也能充當能量來源。但當你必須取用這些蛋白質儲備時，代表你正在苦撐，快跑不下去了。此外，蛋白質也能協助製造體內酵素、抗體與賀爾蒙，同時充當血液裡維生素、礦物質與脂肪的載體。最後，蛋白質有助於保持細胞內外液體平衡。當我們流汗時，血液裡某些蛋白質能調控組織內水平衡，這點非常重要。若缺乏這個機制，當你流汗過多，可能會遭遇水分流失與電解質失衡等問題，而這會引發抽筋、動作不協調性或其他嚴重症狀。

在運動時，你的身體對於蛋白質依賴並不大，但該營養素的修復效益對於馬拉松跑者非常重要。攝取時機更是關鍵所在。你應該在運動後立即攝取蛋白質，這點與碳水化合物一樣，如此才能減少肌肉損傷，加快復原速度。最重要的是，蛋白質能幫助運動員維持

瘦體組織（lean body mass），而這意味著復原速度加快與訓練品質提升。當瘦體組織獲得保護與維持時，碳水化合物更容易被儲存下來，進而保留更多瘦體組織並提升長時間訓練的供能效率。在極端的情況下，蛋白質也能作為能量來源，但主要來自於跑步肌肉，代表你的身體逐漸崩解。若你飲食適當，脂肪與碳水化合物將提供你成功完賽的能量，蛋白質則協助你跑步後的復原。

營養重點整理

你應該已經了解到自己該攝取的卡路里數量與種類。在本章後頭，我們將深入討論這些卡路里的攝取時機，以下是目前的重點整理。

- 為了維持體重與高表現水平，你應該要知道每日須攝取多少卡路里。
- 沒道理不吃碳水化合物，但請以複合碳水化合物為主。
- 適度攝取脂肪，但以堅果、種子與魚類為主。
- 建議攝取脂肪量較低的蛋白質，這有助於生成與維持肌肉組織，必要時也能提供能量。
- 均衡飲食能提升跑步表現。
- 熱量的來源與分量同等重要。

水分補充

人體的三分之二由水組成，水分對於跑者表現的重要性不亞於

營養。即使只是輕微流汗，對於耐力表現的影響都超乎你預期。研究顯示，即使脫水程度僅有 2%，亦即體重 150 磅的跑者流失 3 磅汗水，也會對跑者體能帶來負面影響。在寒冷乾燥的天候下，跑者每小時流汗量都可以達到 1 ～ 2 磅，更何況是炎熱潮溼的氣候。脫水的生理反應顯現在許多地方，其中許多影響來自於心血管功能受損，原因在於脫水會讓心跳變快、心搏量（stroke volume）變少、心輸出量（cardiac output）下降。如同我們在第二章運動生理學所說，這些因素都會影響到跑者的最大攝氧量與速度。事實上，150 磅跑者流失 3%水分，便會導致他的有氧能力下降 4 ～ 8%。

　　除了會影響心血管功能，脫水也會帶來其他問題。首先，它會讓身體散熱能力下降，導致體溫上升。這不僅會讓你表現退步，也會加劇熱衰竭與熱中暑的風險。腸胃不適則是另一個症狀，這可能使得跑者抗拒攝取水分而導致問題加劇。雪上加霜的是，脫水也會讓體內電解質失衡，導致抽筋無力、肌肉神經連結不佳。此外，最大攝氧量降低令你更快耗盡碳水化合物儲備。更可怕的是，脫水甚至會造成認知障礙，導致你神智不清。

　　我們說這些並不是為了嚇你，只是強調補水的重要性。至於跑者該如何適當補充水分，請考慮以下這幾個影響水分流失的因素：

- 　**環境溫度較高**：天氣越熱，越會流汗。你的體能越好，流的汗也會越多。
- 　**溼度較高**：在某些情況下，此因素的影響甚至高於氣溫。以 2008 年北京奧運馬拉松賽事為例，當時氣候炎熱但溼度不高，選手整體表現絕佳，甚至突破新高紀錄。但 2

營養與水分補充

年前，在日本大阪所舉辦的世界馬拉松錦標賽中，氣溫與北京奧運類似但溼度較高，選手完賽成績因此備受衝擊。請記住，若你未穿著排汗衣跑步，身體周遭溼度便會提高。這意味著，你平時愛穿的棉質上衣，會讓你身體處於更潮溼的環境中。

· **體表面積**：壯碩跑者的散熱能力較佳，但他們體表面積較大，容易聚熱，尤其是在高溫天氣時尤甚。簡言之，你的塊頭越大，體溫通常越高、越容易流汗。

· **運動員體能**：歷經嚴格訓練的運動員降溫能力較好，遠勝過未經訓練者。

· **運動前的體內含水狀態**：若跑者比賽前已略為脫水，那他比起正常跑者會更快到達脫水臨界點。

了解水分如何流失非常重要，但你必定也想知道什麼因素會影響水分吸收。當我們喝下水之後，它是如何從胃部抵達血液的？先從碳水化合物講起，我們先前提過它有助於水分吸收，但不同類型碳水化合物被吸收的速率不一樣。碳水化合物基本上就是分子鏈，分子鏈越長，離開胃部所需時間越久。隨著科學家對這項機制日益熟悉，運動飲料廠商開始在飲料中添加兩種長度的碳水化合物分子鏈（通常是葡萄糖與麥芽糊精）。在這些飲料中，短鏈能讓你快速吸收、立即使用，長鏈則有助於緩慢吸收。

水分攝取量也會影響吸收速率。儘管一次喝下大量的水，能吸收的總量較多，但你跑馬拉松時絕對無法在單一休息站灌下太多水。因此，你應在賽事前幾天便開始攝取大量水分，然後在賽事前一天

與當天早上補充少量的水。請注意，水溫也會有影響。在休息時看似沒有差別，但在運動期間，冰水容易被胃排空，室溫水則能被身體更有效率地使用。

雖然你在跑馬拉松的過程中對於飲水溫度無法有太多要求，但你仍能控制其他影響水分吸收的因素，像是在起跑時身體的水分狀態。這是你起跑後無法再調整的。若你跑到一英里時身體已脫水，那你整場賽事都將會是這個狀態。這是脫水的特質：一旦水分不足，事後便很難彌補。同樣地，你跑的速度越快，身體越難將水分吸收至血液裡，因為血液都從其他部位流往運動肌肉。你的血液不會流向腸胃，反而會衝往腿部以提供氧氣。除了這些生理上的挑戰，你在快跑時補水時還會遇到杯水濺出的問題。只要試過以 10 公里配速跑步時邊取水，你便會發現自己很難不把水灑出來。

監測身體水分狀態與其他訓練要素同樣重要，因為它會影響到你的馬拉松表現。充足水分能讓你維持健康、持續訓練，順利熬過輕鬆跑、素質練習與比賽的考驗。你已掌握規律訓練的精髓，而適當營養與補水也能套用「熟能生巧」的道理。你剛開始時得花更多時間與心力注意細節，但隨著時間過去，你的判斷力會提升、能量相關知識也會增加。

低血鈉症

媒體近年來大篇幅報導馬拉松與低血鈉症（hyponatremia）的關聯，但一般人對於此主題仍不甚了解。當血液裡水分與鈉離子失去平衡時，便會造成低血鈉症。這種情況常發生於跑者大量流汗又同時攝取大量水分時。鈉離子幫助神經衝動傳導、控制肌肉

收縮，低血鈉症代表體內這個重要平衡遭到打破。低血鈉症可分為等容積性（euvolemic，水分增加、鈉濃度維持相同）、高容積性（hypervolemic，水與鈉同時增加，但水增加更快）與低容積性（hypovolemic，水與鈉同時減少，但鈉減少更快）三類。不論是哪種情況，鈉離子在血液中的濃度都遭到稀釋。如同你將果汁喝完一半再以水加滿，果汁濃度自然會下降。

低血鈉症的影響極大，它可能損害大腦與肌肉功能，甚至令人昏迷與死亡。儘管如此，目前仍沒明確準則可供遵循。但請記住「凡事過猶不及」的道理，適度補水即可。以下建議供你參考：

· 若運動時間超過一小時，一定要補充運動飲料。
· 了解自己流汗速率並適時補水。多數人能補充 65 ～ 80％ 的水分流失，但部分跑者會喝過頭。（可利用附錄 C 表格算出流汗速率）。
· 休息恢復時，選擇含電解質的飲料飲用。市面上有很多低糖的選擇，必能滿足你每日補水需求。

補充時機與來源

訓練前

訓練前要補充營養與水分或許是最不方便的時間點，尤其當你將晨跑行程塞在每日上班前。最好的方法或許是，你提早一小時起床吃些東西再訓練，但我們深知睡眠對於忙碌跑者的重要性，畢竟你正努力從每日的艱難訓練中恢復。不論是跑步或睡眠，每分鐘都

很關鍵。當你規畫訓練或跑前的營養補充時，必須將時間因素考慮在內。若你將睡眠時間減至 5 ～ 6 小時，才能在晨跑前一小時起床補充營養，那我們建議你別如此做。不如在睡前吃些健康點心，睡眠充足比較實際。我總告訴跑者，要特別注意素質練習前的能量補充，因為這會影響跑步速度與表現。輕鬆跑日子則不必那麼嚴格，畢竟這耗費的能量較少。不過，若你將跑步行程安排稍晚，飲食選擇便可多出許多。一般來說，距離訓練時間越久，你應該吃得越多。當訓練到來時，首要目標是補充你最需要的物質，也就是碳水化合物與水分，但切記不要過量。表8.2可作為你訓練前補充能量的參考。

表 8.2　訓練前進食準則

距離訓練時間	飲食選擇	營養成分
3 ～ 4 小時	正餐	碳水化合物、脂肪、蛋白質
2 小時	點心	碳水化合物、蛋白質
1 小時	流質	碳水化合物
5 ～ 10 分鐘	流質或能量膠	碳水化合物

訓練中

安排能量補充計畫往往是從錯誤中學習的，而「嘗試錯誤」對於訓練期間的營養與水分補充來說，更是重要的執行方針。若能執行得宜，你便能避免脫水與耗盡碳水化合物儲備的狀況。你在跑馬

營養與水分補充

拉松途中一定得補充能量與水分，超過一小時的訓練便是你最佳練習時機。儘管你有時得強迫自己邊跑邊吃喝，但這樣的嘗試在比賽當天便會看到回報，畢竟補充卡路里與水分正是提升表現的關鍵。

毫無疑問，補充水分對於你的訓練與比賽將有所助益。補水不僅有助於維持血容量，運動飲料還能補充額外的卡路里。所有人流汗速率都不同，平均而言，我們每小時流失約 2 ～ 4 磅的汗水。若未加以補充，肌肉所接收的氧氣將變少，身體散熱效率變低，乳酸因此大量堆積。而身體為了彌補脫水狀態開始讓心跳變快。事實上，你的體重若因流汗減少 1％，心跳每分鐘便快 7 下，跑步速度也變慢 2％。跑馬拉松已經很辛苦了，絕對沒有人希望自己的心跳持續變快、越跑越慢。以每英里 8 分鐘配速為例，體重因流汗減少 1％（至少 1 ～ 2 磅），速度因此變慢 2％，意味著每英里跑步時間增加 5 秒。若你速度變慢 2 ～ 4％（常見），每英里便從原本的 8 分鐘增至 8 分 20 秒，馬拉松完賽時間就會從 3 小時 29 分增至 3 小時 38 分。

最新研究（Butler et al., *Clinical Journal of Sports Medicine*, 2006）顯示，當我們口渴才喝水，僅能恢復 68 ～ 82％的流失水分。這些學者認為，身體會從細胞內部取水以補足差額，並透過燃燒脂肪與碳水化合物形成水分。儘管此機制必然會發生，他們也討論到這個論點存在一大瑕疵。根據他們的報告，此過程在體重因脫水減少 3％時便會停止。當中的矛盾在於，若我們等到口渴時才喝水，體重早已因缺水減少 2.3％（學者推估）。報告中的受試者能毫無限制攝取水分，但跑者在現實情況下不可能隨時喝水 6 ～ 8 盎司。當我第一次讀到這份報告時，我心想，過去教導學員的知識或許有誤。但經過詳細檢視後，發現我們的補水策略依然正確，同時符合現實狀況。

我們的補水建議如下：

及早開始。跑步前 10 ～ 20 分鐘內，或第一個補水站便要補水。如前所述，口渴或許是缺水的良好徵兆，但在馬拉松賽事時，你必須及早補水以避免水分含量過低。

每 15 ～ 20 分鐘補水 2 ～ 8 盎司。對於跑步訓練來說，這代表你必須隨身攜帶水壺或事先安排放好。至於馬拉松比賽時，你可多加利用補水站。多數賽事每 2 英里便會安排一個補水站。

· 請記住，在訓練或賽事初期，你比較容易喝下較多水分。若你一開始多喝一些，期間持續補水，那你便能維持身體水分充足。這能加速胃部排空，連帶使得水分、電解質與碳水化合物吸收更快。
· 以吞嚥次數計算水量。一次吞嚥相當於喝下 1 盎司的水。每個補水站約吞嚥 4 ～ 6 次。
· 別飲水過度。一次灌下太多杯水，只會讓你想吐。
· 若你打算使用主辦單位提供的能量膠或飲料，記得事先查明產品並於訓練期間先試用。若它們會讓你身體不適，就帶自己準備的東西。

關於跑步過程如何補充營養的建議，基本上與補水類似。最多人選用的產品是能量膠，但軟糖等其他產品也越來越受歡迎。另一個選項則是葡萄糖片，這是糖尿病患用來提升血糖水平的產品。它

在你口中融化後，能夠迅速補充碳水化合物。此外，運動飲料也能輕鬆提供額外熱量，讓你不必吃那麼多固體食物。我們的建議如下：

每運動 1 小時，攝取 30 ～ 60 公克的碳水化合物

- 跑步時間越長，你需要攝取越多碳水化合物。超過 4 小時的話，每小時攝取約 60 公克。
- 1 罐 8 盎司的運動飲料提供約 50 ～ 80 卡熱量。
- 1 條能量膠提供約 25 公克碳水化合物。

每小時補充 200 ～ 300 卡熱量

- 若你每 20 分鐘喝運動飲料約 8 盎司，1 小時約攝取 195 卡熱量。對於多數運動員來說，這足以因應不到 2 小時的跑步。
- 除了飲料與能量膠，有些跑者也會吃其他食物增加熱量。請依你個人偏好選擇。
- 若你使用能量膠或類似產品，請搭配水而非運動飲料服用。
- 每 30 ～ 45 分鐘補充 1 條能量膠，熱量便已足夠。

經過仔細評估的能量補充計畫，能幫助你打贏馬拉松這場考驗意志的比賽。前奧運選手、漢森跑步專案團隊成員布萊恩・賽爾，便利用此戰略在 2005 年赫爾辛基田徑世錦賽馬拉松賽事大放異彩。那天炎熱潮溼，汗流浹背的他深知勝負關鍵在於補水。在馬拉松下半場，他不斷提醒自己「再喝一杯」。他心裡不斷默念這句話，同

時想像每經過一次 5 公里補水站，他的能量狀態都將倍增。他利用此法提供肌肉能量、保持身體水分充足，同時鼓舞自己不斷往前。

訓練後

訓練後的能量補充，對於下一次的訓練而言非常重要，如同訓練前的營養補充對於訓練成效影響極大。此階段營養計畫最容易實行，千萬不要輕忽。當訓練告一段落，適當的能量補充能幫助你從跑步中復原、維持訓練成效並成為更強的跑者。以下是我們的訓練後能量補充建議：

運動後的 15 ～ 30 分鐘最為關鍵

· 身體若因流汗減少 1 磅體重，便需補充 20 盎司（或 2.5 杯）的水。想知道每趟跑步會流失多少水分，就在訓練頭幾週每次跑步前後都量體重。隨著經驗累積，你會開始知道自己跑步後應該補水多少。請參考附錄 C 流汗計算機算出個人數值。

· 訓練結束後，立刻攝取 50 ～ 100 公克的碳水化合物。我們特別推薦高升糖指數食物，因為它們能更快進到血液並被肌肉吸收。基本上，「升糖指數」指的是食物消化速度。食物越快被消化，它的升糖指數就越高。不妨試試以下食物：香蕉、柳橙汁、運動飲料、玉米片、燕麥片、烤馬鈴薯、烤胡蘿蔔、麵包、豆類與冰淇淋。·

營養與水分補充

- 訓練結束後 2 小時內吃一餐。比方說，燕麥片、貝果搭配花生醬、穀類，或是其他含有大量健康碳水化合物與少許蛋白質的食物，這能幫助肌肉復原。巧克力牛奶等富含蛋白質的飲料也是不錯選擇。
- 預先規畫。若你要開車去訓練場地，事先準備一些食物，訓練結束後便能享用。不要等到回家後才補充營養。越快補充能量越好。

比賽日前的能量補充計畫

當你完成所有艱難訓練，開始減低訓練量與強度時，必須花些時間調整營養計畫。針對馬拉松大賽前的能量補充，我們建議準則如下：

最後一週

- 你已減低訓練量，但請維持正常飲食，避免做出太大改變。
- 七成飲食必須是碳水化合物，以複合碳水化合物為主。若你能提高肌肉儲備肝醣的能力，便能補足所有赤字。研究顯示，肝醣儲備完全恢復後，跑者耐力可提升至多 20%。
- 體重增加代表你往正確方向前進，因此別擔心那額外的 1 或 2 磅重量。即使增重 5 磅也在合理範圍內。在減量階段感覺有些萎靡是正常的，現在可不是減重時機。請

記住，1 公克碳水化合物需要 3 公克水分來儲存，而這些儲備都能在比賽日發揮功用。

· 整週都要補水，別等到賽前一天才狂喝。

賽前一天

· 每次吃點心或正餐時都搭配健康飲料。不要只喝水，也可換成運動飲料。

· 避免攝取令你腸胃不適或放屁的食物。

· 別吃高纖維食品。

· 避免攝取代糖。

· 限制酒精攝取。

· 上床前吃或喝一些健康點心，像是不含奶油的爆米花、花生醬搭配貝果或能量棒。

比賽日早晨

· 在比賽開始前幾小時，主要目標是將能量儲備拉至最高，身體保持水分充足。

· 依以下準則攝取碳水化合物：

1 小時前：共 50 公克

2 小時前：共 100 公克

3 小時前：共 150 公克

4 小時前：共 200 公克

· 在比賽前多久適合進食，這個問題因人而異。若你很早就吃東西，那還可以回去補眠。若你腸胃不好，請以點

心取代正餐。

· 別忘了將如廁因素考量在內。若你在賽前幾天就已補足
能量，便不必擔心因當天過度進食導致腸胃不適。

比賽日的能量補充策略

我們再三強調，在馬拉松比賽途中補充熱量與補水的重要。不
論你訓練期間如何努力，能量補充將決定你在比賽日最終是創下個
人紀錄，或是無法抵達終點。談到比賽中如何補充能量，你的兩大
目標應該是減少水分流失與維持碳水化合物攝取。

我們必須考慮多項因素，才能知道你理想的能量來源與攝取方
式。首先，熱量消耗與跑步距離呈正相關，與速度關係較小。速度
快的跑者跑步強度較高，但他與同樣體重、速度較慢的跑者燃燒熱
量相近。速度不太重要，但體重在此影響極大。簡言之，我們每跑
1 公里，每公斤體重就燃燒 1 卡熱量。因此，我們可依自己體重與馬
拉松距離（42.195 公里）推估比賽須消耗多少熱量。以體重 150 磅（約
68.18 公斤）的跑者為例，他比賽消耗熱量為 42.195×68.18 ＝ 2,877
卡。

這 2,877 卡來自於脂肪與碳水化合物，兩者所占比例則依配速
而定。你跑得越快，使用的碳水化合物就越多。新手跑者的馬拉松
配速通常是最大攝氧量的 60％，進階跑者約 70％，菁英跑者則是
80％。這些資訊足以讓我們推算兩者供能比例，請參見表 8.3。

下一步則是算出每英里（或每公里）距離消耗多少熱量。沿用
前例，將 2,877 卡除以全馬距離 26.2 英里，便可得出他每英里消耗

110 卡，之後便可估算每英里消耗多少熱量的碳水化合物。在最大攝氧量 60% 的配速時，他每英里消耗碳水化合物約 60.5 卡（110 卡×55%），70% 時是 71.5 卡（110 卡×65%），80% 時是 82.5 卡（110卡×75%）。依跑者配速不同，碳水化合物總熱量消耗約 1,585.1～2,161.5 卡（60.5 卡、71.5 卡與 82.5 卡×26.2 英里）。

不同配速的耗能差異約 600 卡，看似不多，但已是 6 條能量膠的熱量（每條 100 卡）。這再次顯示比賽配速的重要，即使每英里僅快了幾秒，整場比賽下來卻可能讓你來不及補足碳水化合物。我們希望你立下較高目標並測試自我極限，但有些風險還是能免則免。

表 8.3　不同運動強度，碳水化合物與脂肪供能比例

最大攝氧量	碳水化合物	脂肪
60%	55%	45%
70%	65%	35%
80%	75%	25%

我們已算出碳水化合物消耗範圍，但尚未討論到應該補充多少熱量，而這很大部分取決於運動肌肉能儲存多少碳水化合物。肝臟也有儲存肝醣，但它主要供應大腦與中樞神經系統使用，最好不要打它們的主意。經過訓練後的運動員，每公斤肌肉約儲存 80 卡肝醣，但這些肝醣僅限特定區域肌肉取用。換言之，手臂裡的肝醣無法給

營養與水分補充

腿部肌肉使用。一般來說，男性大腿約占體重的 21％，女性則占 20％。有了這項資訊，便可算出我們所需的碳水化合物儲備。方法是：將你的公斤體重乘以 21％或 20％，也就是你的大腿重量，再將此數值乘以 80 卡 / 公斤，便能得出肝醣儲備。你可參考表 8.4 與 8.5，便可得知不同體重、男女性的碳水化合物儲備。

範例：男性跑者體重 68.18 公斤 ×21％＝大腿重量 14.32 公斤

14.32 公斤 ×80 卡＝ 1,146 卡（跑步時能用的碳水化合物儲備）

從這個例子可以知道，這名 68 公斤的跑者擁有 1,146 卡碳水化合物儲備可供跑步使用，但他要順利完成賽事，卻需消耗 1,585 ～ 2,161 卡，中間差距 439 ～ 1,015 卡。他可依循我們的準則設計一個全面計畫，藉此將儲備拉至最高並在全程維持能量。請注意，此計畫只能幫助你抵達終點線，無法讓能量永續不減。我們的目標是讓你善用肝醣儲備撐過比賽，過程不會耗盡能量。

如同多數的飲食建議與準則，數據呈現的是平均值。若跑者身強力壯、訓練有素，擁有極高比例的慢縮肌，那他儲存碳水化合物的能力通常也比較高。不論如何，我們寧願謹慎過度也不要冒險犯錯。若你胃裡還能容納食物，那沒理由不吃。最後，切記要在比賽日前預先演練如何補充營養。當你站在起跑線時，應該對於馬拉松比賽中何時與如何補充能量瞭若指掌。

表 8.4　男性碳水化合物儲備

體重	腿部肌肉重量	碳水化合物儲備
65 公斤（143 磅）	13.65 公斤	1,092 卡
70 公斤（154 磅）	14.7 公斤	1,176 卡
75 公斤（165 磅）	15.75 公斤	1,260 卡
80 公斤（176 磅）	16.8 公斤	1,344 卡
85 公斤（187 磅）	17.85 公斤	1,428 卡
90 公斤（198 磅）	18.9 公斤	1,512 卡
95 公斤（209 磅）	19.95 公斤	1,596 卡
100 公斤（220 磅）	21 公斤	1,680 卡
110 公斤（242 磅）	23.1 公斤	1,848 卡
120 公斤（264 磅）	25.2 公斤	2,016 卡

＊男性腿部肌肉的碳水化合物儲備約占體重的 21%。

表 8.5　女性碳水化合物儲備

體重	腿部肌肉重量	碳水化合物儲備
65 公斤（143 磅）	13 公斤	1,040 卡
70 公斤（154 磅）	14 公斤	1,120 卡
75 公斤（165 磅）	15 公斤	1,200 卡
80 公斤（176 磅）	16 公斤	1,280 卡
85 公斤（187 磅）	17 公斤	1,360 卡
90 公斤（198 磅）	18 公斤	1,440 卡
95 公斤（209 磅）	19 公斤	1,520 卡
100 公斤（220 磅）	20 公斤	1,600 卡
110 公斤（242 磅）	22 公斤	1,760 卡
120 公斤（264 磅）	24 公斤	1,920 卡

＊女性腿部肌肉的碳水化合物儲備約占體重的 20%。

第九章

恢復

對於馬拉松訓練而言，恢復是另一個重要元素，有助於身體獲得必要的生理適應。艱苦訓練加上適度恢復，必能將你的馬拉松實力推向頂峰。雖然你必須貫徹累加疲勞原則，學著在雙腳疲勞的情況下跑步，但恢復能幫助你有效地將疲勞轉化為體能，又不至於達到過度訓練的程度。

過度訓練四階段

辛苦訓練與過度訓練是兩回事。因此我們有必要了解，從疲勞演變至過度訓練的四大階段。

第一階段：**疲勞**。你在訓練後立刻會感到疲勞。恢復約需 24 ～ 48 小時。千萬別以為徹底休息才能恢復。依循我們的原則，你可以透過輕鬆跑達成恢復。

第二階段：**功能性訓練超量**（functional overreaching）。又稱為「累加疲勞」，這正是我們的訓練目標。此階段對於訓練計畫非常重要，長期下來能讓你適應訓練、提升表現。恢復約需 2 週。

第三階段：**非功能性訓練超量**（nonfunctional overreaching）。在這個階段，你從辛苦訓練變成訓練過量。你的表現會下降，恢復時間也拉長，任何訓練效益都將逐漸無法彌補這兩大症狀。

第四階段：**過度訓練徵兆出現**。當你抵達此階段時必然會察覺，因為你根本無法訓練下去。恢復約需數個月。

圖 9.1　過度訓練四階段

資料來源：改編自艾斯可・朱肯卓（Asker Jeukendrup）網路文章〈過度訓練真有其事？〉（Overtraining: Is It Real?）。

過度訓練徵兆

過度訓練的徵兆有很多，我們可以自行監測其中幾個，但有些仍須透過抽血等侵入檢測方式測得。以下是你可察覺到的徵兆：

- 疲勞提早出現
- 肌肉長期痠痛
- 無法完成訓練
- 無法徹底恢復
- 經常生病
- 經常感冒
- 心情易怒
- 喪失動機
- 熱忱消退
- 鬥志下降

累加疲勞與過度訓練的最大差異，在於你的表現是否逐步下降。若你出現上述幾項徵兆但表現未受影響，那你仍處於累加疲勞階段，而這正是我們樂見的事。但這並不代表，你不必細心體察身體狀況。你必須確保身體獲得恢復，別讓累加疲勞往壞的方向演進。

如何幫助恢復

本章後續內容將探討協助恢復的幾種方法，避免過度訓練發生。

睡眠

談到訓練恢復時，我第一個總是提到睡眠，因為它的投資報酬率最大。睡眠僅需要時間，而我們從中獲益極大。一夜好眠將帶來兩大好處。首先，蛋白質加速合成，使得肌肉更快修復。其次，身體在深度睡眠快速動眼期（REM）時會釋放生長激素，幫助運動肌肉產生適應並促進其恢復生長。

那你需要多長時間的睡眠呢？根據薩奇‧魯里（Sage Rountree）的著作《運動員恢復指南》（*The Athlete's Guide to Recovery*）指出，一個人基本需要 8 小時睡眠。睡眠時數依照訓練量而調整。每週訓練時數達 10 小時，每天睡眠便增加 1 小時至 9 小時。每週訓練 15 小時，每天須睡眠 9.5 小時。若達 20 小時，則須睡眠 10 小時。這些都是理想狀況，但我們深知生活行程繁忙，你有時甚至睡不滿 8 小時。若你無法達到我們建議的睡眠量，那能睡多少就算多少吧。以下分享一些祕訣，能讓你快點進入快速動眼期：

· 房間須涼爽、夠暗與安靜。
· 建立良好睡眠習慣（準時睡覺與起床）。
· 別在床上看電視。
· 睡前 4 ～ 5 小時不喝咖啡。
· 睡前別喝太多水。

打個小盹也有用。魯里建議，小盹時間最好是 20 分鐘，或超過 1.5 小時。盡量爭取小盹時間，這能幫助身體釋放生長激素、刺激恢

復與生理適應。但小盹時間不宜在 45 分鐘左右，這樣的長度會讓我們醒來後頭腦昏沉，更難回到正務工作或訓練。

營養

　　營養提供的回報也很大。光靠飲食均衡、水分充足，便能幫助你加速恢復。第八章已討論過相關內容，但本章將著重於訓練後的即時恢復，讓你透過補充能量與水分達成此目標。

　　你的首要任務是能量補充。我們的碳水化合物儲備極其有限，訓練時間越長、強度越高，儲備耗竭速度越快。你的目標是在訓練後盡快攝取每公斤體重 1.2 公克的碳水化合物。以 150 磅的跑者為例，他必須攝取 82 公克碳水化合物，食物來源可以是能量棒與飲料，或是牛奶巧克力與香蕉。這能立刻讓身體開始啟動恢復。我們建議，你在訓練後 2 小時內多次攝取此數量的碳水化合物。

　　你也不能忽視補水的重要。在完成艱辛訓練的 5 小時內，或是在炎熱天氣下跑步時，你必須補充 150％的流失水分。若你跑步流汗 2 磅，在 5 小時內須攝取 3 磅水分，記得分成多次補充。若你訓練後一次喝太多，腸胃根本來不及吸收。你應該分成兩或三次攝取，身體便能留存更多水分。此外，別忘了補充含鈉飲料，這能幫助你保留水分，不會太快排空。

伸展運動

　　我們曾在第七章討論過，伸展運動也該成為訓練一部分。與恢復相同，伸展的重要性不容小覷，但不宜在訓練後馬上執行。訓練後應立即補充水分與能量，伸展留在訓練前後幾小時再做即可。若

你改不了訓練後伸展的習慣，那千萬別做過頭，一旦感到不適便得停止。

冰浴

冰浴能促進血管收縮，它可以暫時「關閉」血管，不讓血液進到受傷組織。這種即時處置能減輕發炎反應與疼痛程度。這聽起來不錯，但實際上我們需要發炎來促進長期適應。若我們阻止發炎現象，身體便無法接收必須「因應壓力而調整適應」的訊號。不妨將冰浴留在「特別情況」使用。比方說，在結束週末長跑後，你可以泡冰浴調整身體狀況，再來迎接下週訓練。冰浴偶一為之，不要一週好幾次。以下是一些讓冰浴更有效果的祕訣：

- 在 2 小時以上長跑或 90 分鐘素質練習後，泡個 10 ～ 15 分鐘冰浴。
- 加入華氏 50 ～ 55 度的水。*
- 跑完 60 分鐘內泡冰浴（15 分鐘內最好）。

壓力衣褲

我們尚不清楚壓力裝備能否幫助恢復或提升表現。但許多跑者信誓旦旦地掛保證，我們也認為確有實際效用，特別是壓力襪。在

---

* 編注：華氏溫度（F）與攝氏溫度（C）的轉換公式為 F=9/5×C+32。華氏 50 ～ 55 度約等於攝氏 10 ～ 12 度。

理想狀況下，你的雙腳在艱難訓練、適當恢復後便能放鬆，但大部分人很難做到。穿一雙壓力襪，應該能讓你舒服不少。若它們真的能幫助恢復，那就當作撿到額外福利吧。若你決定嘗試壓力襪，我們建議穿戴時間應是訓練時間的 2 倍。若你長跑 2 小時，便穿壓力襪 4 小時。若你訓練結束後還得走上好一段路，壓力襪也能派上用場。

按摩

按摩可以改善運動肌肉緊繃並調節發炎反應。長期按摩目的在於消除疤痕組織與改善肌肉沾黏。一次按摩療程無法改變肌肉結構，若時間與預算足夠，不妨每隔幾週來一次深層組織按摩。若無法這麼頻繁，至少一個月一次。將按摩納入計畫，你會發現肌肉變得更強韌、身體恢復速度更快，痠痛的幅度也會下降。

恢復與訓練同等重要。儘管專家對此意見紛雜，但我們認為，最簡單的方法（睡眠、補充能量與水分）效益最高。當你不確定自己是辛苦訓練或訓練過度時，請仔細檢視身體恢復情況。你可能只需要小小的調整，便能維持高檔的訓練品質。

恢復

第十章

裝備

在凱文與凱斯指導學生的空檔，他們會耗費大量時間為漢森跑步專賣店研究跑鞋。換言之，想要好好討論他們的馬拉松訓練方法，就必須花些時間聊聊裝備，尤其是跑鞋。除了訓練瑕疵，不合適的跑鞋也是跑步常見的受傷原因。你沒聽錯，跑步本身並不會導致受傷，跑者與教練的認知錯誤才是禍害來源。反過來說，若能擁有讓你維持健康的知識，便能免除多數的受傷風險。

跑鞋

跑鞋其實是你個人生物力學的延伸。儘管少數跑者擁有教科書

般完美的骨骼與肌肉結構，可惜你應該不是那萬中選一的練武奇才。多數跑者的身體多少有些缺陷，導致他們容易受傷，像是雙腳長度不一、足弓塌陷與骨盆底肌虛弱等，而這正是跑鞋發揮用處的地方。擁有好的跑鞋與聰明訓練、飲食正確同樣重要。為了幫助你選對跑鞋，我們會討論到步態生物力學、腳型與跑鞋構造等。讀完本章後，你便能前往附近運動用品店諮詢店員並選購最適合你的跑鞋。

步態生物力學

想要選擇一雙合適的跑鞋，一定得考慮好幾個因素。其一是足部接觸地面時的衝擊，也就是步態（foot strike）。我們必須考慮足部每一步停留在地面的時間。目標是適當減少衝擊、降低煞車力道（這會拖慢速度、造成身體晃動），但腳掌著地的施力時間又不能過短，導致身體向前移動的力量降低。步態看似對於跑步表現影響不大，但隨著距離拉長，便產生了顯著差異。以 5 公里為例，耗時30 分的跑者約需 5,400 步，若每一步著地時間減少 0.01 秒，那 5 公里便可快上 1 分鐘。若放大至馬拉松距離，跑者可快上整整 8 分鐘，這樣的進步僅需藉由改善著地效率便可達成。

儘管關於步態生物力學的部分事實廣為大家接受，但對於最理想的著地位置（腳跟、中足或腳掌）仍有爭議。目前針對此主題的研究並不多，而我們對於現有報告應謹慎看待，畢竟研究結果商確空間極大。其中一份相對可信的報告（Hasegawa et al., *Journal of Strength and Conditioning*, 2007）針對菁英跑者半馬期間腳掌著地位置做調查，結果發現，近75％的人以腳跟著地，24％中足著地，僅有1％以腳掌著地。更值得注意的是，比賽前 50 名的跑者中，高達 60％的

人以中足著地。

　　既然這些研究連要定義著地型態都有些問題，我們不妨換個角度討論此事，亦即，別執著於足部著地的實際位置，而是去體察足部著地時與身體重心的相對位置。跑者常犯錯誤是試圖增加步幅，這會導致過度跨步（overstriding）。換言之，跑者可能以腳跟著地，造成煞車、迫使雙腳得吸收更多衝擊，這會增加著地時間並拖慢速度。若你謹記著地位置要在身體重心下方，便能避免這些問題。

　　學術界在這方面仍無定論，我們建議你如常訓練即可，不必硬要調整跑步姿勢。但我們仍提供幾個要訣供你參考，或許能提升你的跑步效率。首先，如同我們先前建議，切記不要過度跨步。與其嘗試擴大步幅，不如利用股四頭肌抬高雙腿，試著每一步都將小腿拉到股四頭肌下方，這會讓著地位置位於身體重心下方並以腳掌著地。另一個提高動作效率的方法是改善跑步姿勢。當教練告知跑者「跑高一些」時，他指的是保持肩膀往後、腰部微彎，不要駝背，軀幹與頭部呈一直線。讓身體略為前傾，能避免過度跨大的跑姿，不會像是行進樂隊的指揮。請記住，你的骨盆應位於身體重心下方，腳部著地位置別超過胸部與地面的垂直線。

腳型

　　除了著地型態，你的腳型在選擇跑鞋時也扮演關鍵角色。儘管人有百百種，但腳型依照足弓型態大致可分三類：低足弓、高足弓與正常足弓。

低足弓——

根據我們在漢森跑步專賣店多年來的執業經驗，低足弓（即扁平足）雖不是最普遍的腳型，但絕對是最棘手的一類。除了足弓較低，這類人通常伴隨腳踝向內傾斜的問題。跑步時，他們傾向以足部外側著地，但在過程中足部與腳踝開始過度地往內旋，也就是過度內旋（overpronation）。事實上，適度內旋有其必要，足部自然內旋有助於避震，並讓體幹產生槓桿作用力而能推離地面。但低足弓跑者內旋程度過於嚴重，導致耗損與更高的受傷機率。主要問題在於低足弓足部彈性絕佳，能大大地緩衝落地力道，卻無法提供足夠的槓桿作用力協助身體往前。這將對足部、腳踝、脛骨與膝蓋帶來極大的扭轉，導致肌腱炎、足底筋膜炎與阿基里斯鍵炎產生。或許你已猜到，這類腳型需要特殊的跑鞋減輕問題，才能讓跑者正常跑步。

高足弓——

第二種則是高足弓，也就是與低足弓相反的類型。高足弓跑者同樣以足部外側著地，但一直維持到腳趾離地為止。低足弓提供極大緩衝力量，但推動身體往前的力道不足，高足弓正好相反。高足弓的彈性不佳，足部很難吸收跑步過程施加給身體的力量。高足弓跑者著地時身體重量都壓在足部外側，甚至限制腳趾離地的動作，原因是他們難以利用腳拇指發力作為槓桿往前推動，導致內旋不足（underpronation）或外旋（supination）發生。內旋不足與過度內旋造成的傷病相同，但背後原因不一樣。扭轉產生的力量是低足弓跑者受傷主因，而造成高足弓跑者受傷的原因往往是吸震能力較差。

裝備

此外，這類跑者很容易出現髂脛束（骨盆到膝關節的纖維束）疼痛。

正常足弓——

第三類則介於前兩者之間。雖然命名為「正常」，但依照我在專賣店工作多年與訓練無數跑者的經驗，這類足弓的人最為稀少。幸運擁有正常足弓的跑者，先從腳跟中央與外側著地，順暢地轉至前腳掌，並持續利用姆指的槓桿力道推動身體往前，漂亮地完成腳趾離地。這類腳型的生物力學較佳，但若跑者選擇支撐性過度或不足的跑鞋，仍然會有受傷風險。如我們先前所述，每種腳型帶來的問題不同，因此根據腳型選擇適合鞋子更加重要。為了精準評估你的腳型與合適的鞋子種類，請尋求跑步專賣店的專業人士協助或是做個步態分析。你當然可在家自行測試，但這無法保證你選對跑鞋。畢竟選擇一雙適合的跑鞋，不僅得知道腳型為何，也得將步態與其他力學的問題考慮在內。

跑鞋構造

為了尋找合適跑鞋，你必須了解它的構造組成，包括外底、中底、鞋楦、避震與鞋面等。

外底——

讓我們從鞋子的外底（outsole）開始認識，也就是鞋底的部分。外底主要提供抓地功能，差別在於使用的橡膠材質不同。如今，越來越多的科技也應用於外底製作上頭了，外底過去經常由一整片橡膠組成，但如今為了減輕重量，腳跟與腳尖部分通常獨立裁切。此

外，廠商也開始使用二氧化矽等新材質，希望不僅在潮溼地面能提供更棒的抓地性，同時對生態環境保護也有助益，因為這類材質易於生物分解。外底製作技術的提升，也延長了跑鞋的壽命。事實上，對於多數跑者而言，中底（緩衝功能）的折損速度比外底快上許多。

中底──

從生物力學角度來看，中底（midsole）是多數動作發生的地點。流行多年的中底材質，例如乙烯／醋酸乙烯酯共聚物（EVA）與氣墊等，已被更堅韌、重量更輕的環保材質取代。舉例來說，贊助漢森菁英跑者的品牌布魯克斯日前推出一款新產品，在 25 年內便可被生物分解（傳統材質須耗 100 年）。而緩衝技術也有進步，讓跑鞋能更迅速吸收衝擊，耐用度也增加了 15%。

所有中底都能提供一定程度的緩衝，但支撐程度不一。這取決於跑者需要多少穩定性，部分跑鞋擁有較高密度的中底以提高支撐性，例如雙重密度或三重密度材質。這類中底有助於過度內旋的足部保持中立位置，但同時也會增加跑鞋重量。不同鞋款搭配這類材質的比例都不一樣，因此提供不同程度穩定性與重量選擇。想了解跑鞋中底支撐材質的樣貌，通常可以參考中底內側灰色區塊的部分。其他的結構性設計是為了提供額外的支撐，例如中足支撐片便是為了讓跑鞋結構變得更扎實。跑者內旋程度越嚴重，越需要這些額外輔助。

當你花錢買一雙好鞋時，大部分的錢是花在中底。決定是否換鞋時，考量重點應放在跑鞋跑量（最多 300 ～ 500 英里）與中底磨損程度，而非外底狀況。儘管科技不斷進步，但鞋子終有壽終正寢

裝備

的一天。一旦中底老舊磨損，跑者受傷的風險便會增加。

鞋楦——

鞋楦（last，亦稱楦頭）指的是鞋身空間實際的輪廓，可分成直形、弧形與半弧形三種。這三類楦頭分別對應三類腳型，藉此控制動作與提供最佳緩震。舉例來說，直形楦頭適合扁平足跑者，因為它有助於控制過度內旋動作，同時令腳趾離地更順暢。弧形楦頭與直型正好相反，它並不採取對稱設計，反而沿鞋子內側足弓位置刻意彎曲。它適合外旋跑者使用，透過輕微內旋方式協助因應跑者較差緩震能力。最後，半弧楦頭則是前面兩者混合。它專為正常足弓跑者設計，雖有些硬度但允許正常內旋。

足跟杯——

你從外面是看不到足跟杯（heel counter）的，它位於鞋後跟以避免腳踝的不穩定動作。有些跑者需要這類控制，有些則不需要，因此市面上的足跟杯設計提供的穩定度也有差別，靈活性最高的鞋子甚至沒有足跟杯。

鞋面——

覆蓋足部上方的輕量材質便是鞋面（upper）。它通常由高透氣性的尼龍網布組成，能夠吸收汗水與防潑水、保持足部乾爽。鞋面不同，綁鞋帶的方式也有差異。許多新型鞋面能緊密包覆足弓並提供額外支撐。若你住在寒冷潮溼的地區，最好選擇防水性較強的鞋面以應對融雪與水氣。

跑鞋類型

　　市面上的跑鞋看似百百種，但仍可簡單分類便於挑選。正如腳型可分成三種，跑鞋也可分為三類，但近年來也新增了第四、第五甚至更多類別。我們將討論的跑鞋類型，依序是：動作控制、緩震、穩定、輕量、極簡與極緩震。

動作控制──

　　這類鞋子專為扁平足設計。典型款式是直形楦頭，從腳跟到足弓位置的中底採雙重密度材質，在鞋跟與足弓處加上塑膠支撐片，避震也比較硬。加上了這些附帶功能，這類跑鞋的重量自然不會太輕，但它們稱職地發揮預防過度內旋的功能。

緩震──

　　這類鞋子適合高足弓跑者。它們採取彎曲楦頭以提高緩震能力，中底材質並非雙重密度，足跟杯也不是必要零件。這類鞋子追求緩震與回彈，同時也能減輕重量。

穩定──

　　這類鞋子適合正常足弓或輕微內旋的「正常」跑者。它們通常採取半弧楦頭，中底採部分雙重密度材質，腳掌靈活性高、緩震充足，加上一些腳跟穩定功能。它們是最適合大眾的款式，提供輕微支撐卻不犧牲避震。

輕量——

輕量跑鞋問世已久，但最近才開始打入主流，成為一般跑鞋與競速鞋的中間選擇。它們就像是緩震跑鞋的輕量版本，但也是有提供充分支撐的例外款式。這類鞋子重量較輕，但多數跑者不適合一直穿著它們進行訓練。對於部分跑者而言，輕量跑鞋仍是從事部分素質練習訓練的最佳選擇，特別是速度跑與強化跑。

極簡——

極簡跑鞋能讓你體會到如同赤腳跑步般的感受，但它對於足部提供的緩震或保護能力有限。這類跑鞋近年來臭名遠播，引起不少的爭議和討論。從奧運教練到假日跑者，每個人對它都有意見。漢森一開始並未販賣這些流行的極簡款式，不只因為它僅是一時熱潮，更重要的是跑者經常忽視使用說明。消費者之所以購買這類鞋子，相中的是它重量輕又時尚。儘管鞋盒上清楚表明「需要時間逐漸適應」，但許多人仍直接繫上鞋帶往外跑 5 英里。過了一週之後，他們發現自己莫名其妙地受傷了。我們看過太多類似案例，於是決定不再販賣這類款式。

但如今我們已不可能忽視這股極簡跑鞋風潮。為了幫助你評估這款跑鞋是否適合你，讓我們一起檢視它的緣起與優缺點。首先，你必須知道極簡跑鞋兩大設計理念：(1) 穿極簡跑鞋不會受傷；(2) 穿著重量輕的跑鞋，能強化腳力並改善跑步步幅。這類跑鞋的支持者經常主張，我們祖先都是赤腳跑步，所以我們也該回歸傳統。請注意，他們提到的是「祖先」，這些前人可沒有穿鞋至少 20 年後突然決定赤腳跑步 10 英里。我們居住的時代，與舊石器時代已有很大差

異，我們從很年輕時便開始穿鞋，因此從穿鞋至赤腳中間需要一定程度的轉換。多數支持者建議，跑者應花好幾個月的時間慢慢適應更輕的鞋款。比方說，若你穿的是穩定款式，那就不該一下子換成極簡跑鞋，而是應該先改穿輕量訓練鞋，好讓骨頭與軟組織逐漸適應。即使你已調適完成，我們仍不建議你每天穿著它們進行訓練，而是偶爾穿穿就好。

支持極簡派的另一論點是，穿較輕鞋子跑步能強化腳力。儘管反對此看法的人不多，我們仍需謹慎看待。若你過去曾穿競速鞋（racing flat）或釘鞋衝刺，那你必定對於隔天小腿肌肉酸痛印象深刻。穿著極簡跑鞋也會引發類似的生理壓力，導致疲勞與痠痛產生。試想一下，每天穿著這類跑鞋的你，日復一日施加這些壓力於小腿肌肉上頭，你認為多久會造成受傷呢？最新研究（Lieberman et al., *Nature*, 2010）指出，時間僅需大約 2 週。真正的重點在於，多數人沒有耐心從一般跑鞋過渡至極簡跑鞋，導致一連串受傷問題發生。

支持者的最後一個論點是，穿著較輕跑鞋能改善跑步姿勢，因為它讓跑者傾向以前腳掌或中足著地，而非腳跟。這背後的看法在於，以腳掌著地能減少衝擊，因此降低受傷風險與跑鞋緩震需求。研究顯示，與穿鞋跑步、腳跟著地的跑者相比，赤腳跑步、前腳掌著地的跑者受到的衝擊少上許多。這項發現非常有趣，但目前針對此主題的研究有限，因此建議多參考新的研究報告。初步研究結果顯示，若跑者習慣赤腳或穿極簡跑鞋跑步，那他們通常以腳掌或腳尖著地，著地衝擊比穿其他跑鞋的跑者少上許多。另一方面，若跑者不習慣赤腳或穿極簡跑鞋跑步，當他們如此做時仍會傾向以腳跟著地，這帶來的衝擊足足是穿鞋時腳跟著地的近 7 倍。結論是，對

於許多跑者而言，最好還是穿著原本習慣的鞋子跑步（Lieberman et al., Nature, 2010）。

反對穿著鞋子跑步的論點，主要在於穿鞋無法減低受傷風險。過去 40 年來，跑者受傷機率確實徘徊在 70% 左右。但數據顯示，原因可能與跑鞋無關。據美國跑步協會（Running USA）指出，馬拉松男性完賽者平均年齡，從 1980 年的 34 歲升至 2014 年的 40 歲，女性則從 31 歲升至 36 歲。完賽人數則從 143,000 人升至 550,637 人。除了馬拉松人口暴增逾 3 倍，參賽者平均年齡也提高不少。有鑑於美國肥胖率持續上升，有人推測馬拉松跑者的平均體重也有增加。毫無疑問地，美國馬拉松完賽者如今的人口組成，與 30 年前已有極大差異。但我們仍可合理推測，在跑鞋與相關科技進展的加持下，許多跑者變得更健康。雖然我們無法確認此事，許多教練對此深信不移。

當你選擇跑鞋時，必須將研究結果、個人生物力學與傷病經驗考慮在內。極簡跑鞋適合某些跑者，但並非全部。若你有意嘗試，切記要保持耐心，多給自己一些適應時間，高跑量跑者更是如此。使用極簡跑鞋可能會讓你沒辦法訓練和原本一樣久，因此試穿不適宜安排在訓練前期。我們的建議是先穿輕量訓練鞋從事素質練習（長跑不適合），其他訓練日則穿一般訓練鞋，看看身體如何反應。請隨時留意身體發出的訊號，多讀一些研究報告，並忽視媒體天花亂墜的廣告宣稱。

極緩震——
這類跑鞋透過「動態鞋床」打造中底厚度，帶來「極緩震」

（maximalist）效果，適合各式腳型。雖然有人宣稱，這類跑鞋能減少跑步痠痛、提升長跑與恢復跑效率，但這背後都沒有科學證據支持。若你對極緩震鞋款有興趣，我們建議你於恢復跑時使用，但長跑能免則免，畢竟後者追求累加疲勞的訓練效果。減輕原本該有的訓練壓力，只會影響生理適應的發生。正如同極簡跑鞋，極緩震款式擁有一定的功能與用途，但作為一名消費者，你得考慮如果一週僅穿一兩次，購買是否划算。

跑鞋價格

關於跑鞋，跑者最關心的問題是價格。事實上，鞋子是有等級之分的。如同買車一樣，你想要或需要的功能越多，售價也會越高。但你應該根據跑鞋類型做取捨，而非全然是價格高低。因此，當你前往運動用品店時，請針對個人的特定需求做出明智決定。我們通常將跑鞋依價格分為三類：入門、中階與高階。

入門──

這是最便宜的選擇。這些鞋子提供基本功能，但僅止於此。它們適合剛開始接觸跑步的跑者，特別是不確定自己能否堅持下去的人。許多入門級鞋子腳跟設有緩衝（而非前腳掌）、靈活性明顯較差，穿起來也不如高階跑鞋舒服。但它們仍然值得信賴、結構完整，足以發揮必要功能。它們也是能讓你走出跑步商店的最低門檻。雖然大型運動用品店可找到更便宜的跑鞋，但我們並不建議選擇比入門鞋款還廉價的款式。

裝備

中階——

不論跑鞋類型為何，這類中級款式滿足基本需求，同時增加一些額外功能，像是全掌緩衝、更棒的中底材質與靈活度，整體也更合腳。中級跑鞋兼具設計感與功能性，比入門款的壽命來得長。

高階——

這類鞋子擁有最新技術加持，通常是運動大廠的頂級款式。高階跑鞋價格昂貴，但跑者須考量是否值回票價、符合個人所需。

教練 Q&A

我該輪流換穿鞋子嗎？

　　擁有一雙以上的鞋子看似得花更多錢，但從長遠來看其實更加划算。這是為什麼呢？若你輪流替換兩雙鞋，每雙鞋都能在「休息日」獲得恢復。若每天都穿同一雙鞋，它的緩衝能力會加速減損，沒有機會充分恢復，這意味著鞋子耗損速度加快，導致你得更快換雙新鞋。

　　最常見的方式是，擁有一雙每日訓練鞋，外加一雙輕量訓練鞋或競速鞋，後者專門用於速度跑或強化跑與節奏跑。如此一來，訓練鞋的壽命得以延長，而你計畫在比賽當天穿的鞋子也可跑更多趟素質練習。另一種方式比較適合新手，也就是一

雙訓練鞋用於平時，另一雙極緩震跑鞋用於需要額外恢復時，每週穿上數天。

若你計畫輪流換穿兩雙鞋子，請每週妥善分配運用，否則你常穿的那雙很快就會壞掉，導致你僅剩無法每天穿的那雙。

如何選擇跑鞋

在對於跑鞋類型已有充分認識後，你現在可以開始選擇適合自己的鞋子了。最重要的是，你得親自前往鄰近的跑步專賣店選購，不要在網路商店下單。有些人幸運地在網路商店挑到理想款式，但在實體商店專業店員的協助下，你第一次就能買到合適跑鞋的機率會提高不少。選對跑鞋如同拼圖，訓練有素的店員能幫助你釐清需求、做出明智選擇。當你前往跑步專賣店時，請記得帶著舊鞋並做好回答以下問題（關於過去訓練與跑步經驗）的準備。

· 你過去受過傷嗎？
· 你覺得上一雙鞋如何？
· 你以前做過步態分析嗎？

跑步商店店員可能檢視舊鞋鞋底磨損情況，藉此判斷你的腳部著地型態。比方說，若你的鞋底整個內側都磨損了，代表你可能過度內旋，需要一雙支撐性更好的鞋。相反地，若磨損地方集中於外側，那你的狀況可能是外旋，需要較少支撐、較多緩衝的鞋子。若

裝備

磨損情況平均，你可能已經選對鞋。這一切並非完全取決於科學。若你穿過 10 雙同款鞋子都沒受傷，繼續穿下去即可，不必理會磨損狀態。

在許多跑步專賣店裡，店員可能要求觀察你的走路方式（即步態）。他們具備跑步機與攝影鏡頭等設備，能夠捕捉你走路、跑步時腳步移動的影像。透過在螢幕上緩慢播放這些畫面，你可以看到自己的腳步如何著地。經驗豐富的店員甚至透過肉眼觀察，便可推估你該穿哪一類鞋子，根本不需科技輔助。若你真的非常好奇，也可前往專門檢測運動表現的實驗室，他們會使用特殊軟體幫你做步態分析，價格約 100 美元。

另一項日益流行的科技則是足底壓力板（basic force pad）。跑者脫掉鞋子站在上面，便可得知足部輪廓與足弓類型，以及何處施加的壓力最大，幫助他們決定是否需要更多緩衝或穩定性。機器會印出足部掃描圖並附上鞋型建議。

面對好幾雙合適的鞋子，你得自己決定哪雙穿起來最舒服。切記鞋子尺寸一定要適合。即使你平時休閒鞋穿 9 號，但跑鞋尺碼可能不同。當你試穿跑鞋時，一定要考慮以下因素：

· **鞋跟**：鞋子應包緊腳跟，避免滑動。
· **鞋頭**：鞋頭應保留一些長寬空間，讓腳趾在你跑步時得以伸展與施力，但空間不能太大，以免腳部滑動。
· **時機**：盡量選在你平時跑步時間去挑鞋，因為腳會隨時間腫脹。早上穿起來合適的鞋子，晚上穿就會覺得緊。

最後一個考量因素是跑鞋是否合腳。當三雙種類相同、價格相似的跑鞋擺在眼前，你可能覺得任何一雙都可以，那建議你選擇穿起來感覺最好的那雙。請切記，選鞋的依據在於功能而非流行。在你了解腳型與跑鞋種類的知識後，加上經驗豐富的店員協助，你必能選出一雙陪伴你度過馬松訓練的好鞋。

何時換鞋

許多剛接觸我們課表的跑者，誤以為一雙鞋就能撐完全程，從訓練第一天可以穿到比賽日。這樣的邏輯大有問題，因為依照鞋子種類、你的體型與跑步方式不同，一雙鞋通常只能跑 350 ～ 500 英里不等。新手課表在 18 週內要求你跑 700 英里，遠超過任何鞋子所能負荷。以現實狀況來說，你需要兩雙鞋才能讓你撐完訓練與比賽。

我們通常建議，先選擇一雙適合你的跑鞋，試跑幾個禮拜，再決定下一雙是否要買同款式。若你發現第一雙鞋不錯，那購買第二雙時請確認款式沒變。即使鞋子名稱一樣，每一季款式也會有些變化，新鞋可能不符合你的偏好，穿起來也不舒服。

選擇比賽用鞋

比賽日千萬別穿新鞋！你從鞋盒取出鞋子後通常立刻穿上，中間沒太多時間好好感受，但請確認這雙陪你共度馬拉松的鞋子穿起來是舒服的。儘管你穿過好幾雙同款式鞋子都沒問題，身體仍然需要時間適應新鞋。仔細想想，這其實很合理。鞋子緩慢地磨損，你的腳也慢慢適應它的改變。但當你穿上同款新鞋時，你的腳必須適應較新的中底與鞋面形狀，即使穿上矯正鞋墊也一樣。鞋墊與你的

腳一樣需要時間適應新鞋。比賽用鞋必須累積足夠里程，才能讓你擁有熟悉的跑感，但里程數又不能多到讓鞋子開始磨損。對於多數跑者來說，這大約落在 50 ～ 100 英里距離，也就是比賽日前 2 ～ 3 週開始穿。

選擇比賽用鞋時，大部分跑者會挑選訓練期間累積大量里程的款式。但仍有人決定換成較輕的跑鞋。做任何決定前，請先考慮到馬拉松比賽距離極長，遠超過任何訓練。這意味著你的腳勢必會腫脹，因此需要一雙厚度足夠的跑鞋，來緩衝每一步的著地衝擊。我們得提醒你，競速鞋較輕是有理由的，它們犧牲了緩衝與支撐力，因此重量較輕，讓你感覺能跑得更快。疲累會對跑步力學與跑步經濟性帶來負面影響，導致你受傷機率增加。因此當跑者考慮競速鞋時，我們會問：「你要選擇輕個 1 或 2 磅的鞋子，最後卻讓你跑得不好（不利於跑步力學）嗎？」

我們通常會以完賽時間 3 小時 10 分作為能否穿競速鞋的分界，男女都一樣。換言之，速度低於此標準的人請穿一般跑鞋，反之則可嘗試競速鞋。對於完賽時間超過 3 小時 10 分的跑者，我會擔心衍伸的跑步力學與受傷問題。部分跑者需要額外的緩衝與支撐，特別是在比賽後期。若你屬於這類跑者，又想嘗試較輕的跑鞋，不妨考慮輕量訓練鞋。近年來這類鞋子非常火紅，它們成了一般訓練鞋與競速鞋的絕佳中間款。雖然輕量訓練鞋不如訓練鞋那般厚實，仍提供一定支撐與緩衝，適合用於馬拉松。這能讓你稍微減輕鞋子重量，同時不會提高受傷風險。

以我個人來說，一般訓練鞋便足以因應日常訓練需求。但若是長跑試圖提升速度的話，我會選擇重量較輕、彈性較佳，又能支撐

個人扁平足的鞋子。儘管減輕的重量有限，這會讓我感覺跑得更快，同時保護我免於受傷，但我只有從事某些訓練時才穿。若你決定入手第二雙輕量訓練鞋，切記賽前得先試跑幾趟，來判斷它們能否用於比賽日。

服裝

　　儘管服裝與配件對於馬拉松訓練也很重要，但它們的品項過於繁雜，並非本書焦點所在。你比賽當天的穿著，取決於天氣狀況與訓練時習慣穿什麼。舉例來說，跑步專用帽非常適合下雨涼爽的三月比賽，但不宜用在七月潮溼炎熱的天氣。當你選擇穿著時，以下幾項準則可供你參考。

- **別穿棉質衣物**：不要穿純棉的襪子、短褲、長褲或上衣。它們無助於身體排汗降溫，反而會聚熱吸汗，導致皮膚處於潮溼環境，增加摩擦與起水泡的機率。
- **穿少一點**：選擇穿著時，假裝氣溫比實際高華式 20 度。若溫度是華式 40 度，那就穿得像華式 60 度。你跑第一英里時可能覺得冷，但等到熱量產生後，身體很快就會熱起來。
- **考慮成本**：購買跑步衣物時，請考慮每件的成本。這不僅在於你花多少錢，還得考量能穿幾次。好的衣物價格不菲但非常耐穿，足以撐過好幾個賽季。
- **記得試穿**：縫線會脫落，短褲會縮水，上衣可能太大或

裝備

過緊。當你找到比賽日想穿的衣物，切記一定要試穿，看看是否貼身、感受一下。

無論你比賽當天想穿什麼，請記得一定要穿著它們試跑幾趟。最好的測試場合是長跑，因為隨著時間拉長、汗水增加，你可以知道衣物材質會不會帶來問題。畢竟你努力訓練那麼久，可不能讓衣物搞砸比賽。

装備

第十一章
比賽策略

　　多年來，漢森教練始終奉行「有備無患」的原則。換言之，我們會事先針對比賽日做好準備，將當天不必要的壓力降至最低。你已投入 18 週艱苦訓練，每天早起練跑、犧牲社交時間，千萬別因最後這一哩路準備不足而搞砸。天底下沒有什麼方法能完全消除比賽緊張，但你可以依循幾個步驟做好準備而領先他人。事先規畫好一切，像是賽前一餐吃什麼、在終點何處與家人集合，以及跑步穿什麼鞋子等，有助於你心情保持冷靜、沉著應戰。在比賽日來到前，你應該演練所有計畫與備案。當你心情輕鬆地站上起跑線時，便能減少跑步初期犯下愚蠢錯誤的機率，讓你更專注於達成目標並依照準則行動。我們經常提醒跑者，千萬別低估賽前準備所耗費的時間。

請記住，不論是平時訓練或是比賽當天，賽前準備關乎到你的馬拉松表現，而這涉及以下幾個因素。

賽前準備

規畫出遊行程

若必須前往外地參加馬拉松，你在幾個月前便需規畫旅遊行程。除了決定抵達會場的方式，還得找個地方住。大多數情況下，動輒 3.5 萬人參與的馬拉松賽事報名截止後，該城市不錯的旅館很快就會被訂光。相信我，你在比賽前後絕對需要一張舒適的大床。

許多馬拉松跑者（特別首次嘗試的新手）會選擇參加當地賽事，藉此省下額外支出與旅遊麻煩。即使如此，你也可以考慮租間在地旅館。每個人情況不同，有些人會認床，也有人寧願附近找間旅館入住，隔日便能輕鬆走路抵達會場。此策略好處多多。你可以多睡一會兒，不必比賽日一大早就起床。此外，若當天的擁擠人潮搞得你心情緊張，走幾步路或許能舒緩緊繃情緒。若你偏好在自家床上睡覺，記得預留交通時間。你住的地方距離會場也許僅需 15 分鐘路程，但比賽當天的混亂交通與停車不易可能成為棘手難題。或許可請朋友載送一程，免得你還得找車位。

安排加油團

多數跑者樂於在跑步途中看到熟悉面孔。這不僅打破單調氛圍，更賜與你前進的動力，助你熬過漫長的 26.2 英里。儘管如此，奉勸你別花太多時間擔心與親友的會面地點或時間，最棒的方法是委託

比賽策略

他人處理。以我過去參與奧運選拔賽經驗為例，我只為父母預訂房間並購買機票，其他事情交給我太太。她負責規畫行程，與我父母一起飛到德州休斯頓並確認他們完成入住。在此之前，我太太還事先做好功課，決定我要在哪裡與他們會合。她深知我在比賽前幾天必須專注於賽事上，因此她協助分擔工作，降低我的壓力。請把比賽以外的雜事委託給你信任的人，讓他照料你此刻無力顧及的事物。

個人的專屬啦啦隊該安排於何處呢？依凱文建議，這群人最好安排在 17 英里處。他多年來提供此建議給無數跑者，我們後來戲稱這是「凱文漢森激勵法」。簡言之，他建議一名親友在 17 英里處（或附近景點）等待並提供你乾燥上衣，幫助你衝刺最後三分之一賽程。他認為，當你抵達此階段時已疲憊不堪、全身大汗，跑步姿勢也開始跑掉。若有人此時能提供乾淨衣物或背心，你便能換掉汗水浸溼的舊衣，精神便能重新一振。這聽起來是瑣碎小事，但確實能帶來幫助。若你打算如此做，切記要將號碼別在褲子上。

研究跑步路線

熟悉路線的好處極大。若你參與的是本地賽事，不妨先練跑部分路段，如此一來，你在比賽日對於路程就不會全然陌生。依照跑步路線事先練習，能讓你掌握何時該轉彎或上坡等細節，從而建立一種熟悉感。這種熟悉感能帶來平靜與把握。漢森－布魯克斯長跑計畫的跑者也經常利用這種方法，親自至實際路線試跑幾次。若能在訓練初期就如此進行，我們便能調整訓練內容與地點，以符合實際比賽需求。若無法事先試跑，你也可以上官方網站、YouTube 或爬部落格文章，熟悉一下路線。

比賽當週

馬拉松博覽會

多數馬拉松博覽會就如同喧鬧的跳蚤市場。我必須承認，我有時也忍不住流連往返於攤位之間，試穿最新跑鞋、裝備與新玩意兒。但我還是得奉勸你，別把時間花在這裡，儘管這是許多跑者都會犯的錯。太多人對於馬拉松大賽周邊盛況感到驚奇，因此不畏辛勞地在會場堅硬的水泥地板上流連忘返，而不好好地躺在旅館床上或沙發讓腳休息。多數馬拉松於週日登場，博覽會則於週五或週六舉辦。若是如此，你應該於週五中午前去並領取參賽包，如此既能避免逗留現場太久，又能確保週六賽前可以放鬆一天。若你週六才有空，請盡早前往以避開人潮，之後盡快回家休息。

賽前晚餐

不論你是參加賽前義大利麵聚會或與家人在家用餐，不變的準則是「補充碳水化合物」。但這不代表你一次得吃下四盤義大利麵與三條麵包。保持飲食正常，並確保餐點是健康且富含易消化的碳水化合物的食物。我們的首要目標是在賽前將碳水化合物儲備拉至最高。賽前晚餐應該為一週均衡飲食畫下完美句點，如同我們在營養章節所建議的，否則這一餐便失去效用。事先於長跑訓練時嘗試同樣餐點，將讓你對於賽前晚餐不會陌生。此外，儘管補水理應是不間斷的過程，但賽前一天別忘了持續補充水分與運動飲料。適當補水得花時間，賽前一週更應特別注意。

上床之前

　　善用比賽前一晚，確認一切事物到位。你的背包應打包就緒，計時晶片綁在鞋帶上，衣物備妥、水壺裝滿。當你躺在床上時，很有可能根本睡不著。若你徹夜輾轉難眠，也別擔心，因為你過去 10 天來已獲得不少恢復休息。睡不著的你也可以吃宵夜，像是能量棒或一些水果。身體在半夜時會燃燒儲存於肝臟的一半肝醣，吃個宵夜能減少早上必須補充的能量，避免吃太多而消化不良的情況發生。若你屬於賽前容易緊張的人，提前攝取熱量不失為一個好方法。你原本早上須攝取 300 ～ 500 卡才能補足碳水化合物儲備，吃完宵夜後可能僅需攝取 100 ～ 200 卡。

比賽日早晨

　　若你醒來後距離比賽還有 3 小時以上的時間，可以吃個正常早餐，像是塗上花生醬的貝果、一根香蕉，搭配咖啡或果汁。距離比賽越近，早餐分量應越少，減少固體食物並以流質碳水化合物為主。若僅剩 1 小時，那就攝取能量膠，這能暫時滿足需求，又不至於讓你感覺太飽。補水應以啜飲次數作為單位而非盎司，畢竟你不想在跑步上半場時感受胃部攪動的痛苦。參與馬拉松的人潮眾多，試著估算鳴槍後到你通過起跑線的時間，有時可能甚至長達 1 小時。記得攜帶水壺隨時補水，也別忘了留意流動廁所的位置。

　　除了考慮吃進去的飲食，你也得注意要穿什麼。請先查詢好比賽之前與期間的天氣預測。若你必須在人潮裡等待至少 30 分鐘才能抵達起跑線，那你最好事先想好穿些什麼。以每年 10 月登場的底特律馬拉松為例，該比賽跑步路線穿越底特律河，天氣從華式 80 度高

溫到暴風雪般的低溫都有可能。多年來，當地溫度大多在華式 30 與 40 度間，而這讓一大早跑步如何穿衣變得棘手。在太陽完全升起前，你站著的雙腳可能凍僵，但一旦開跑後就恢復正常。這意味著，你在開跑前必須多穿點，而這些衣物在你跑步身體變暖後便可脫掉。我們經常聽到學員煩惱一件事，那就是該穿最棒的裝備或舊衣服上場？我們的建議很簡單：穿上你不介意丟掉的衣服。內裡應該是你最常穿的衣服別上號碼，外頭則穿上老舊運動褲或沾上汗漬的舊帽衫。如此一來，當你跑步身體變暖和後，便能毫不猶豫地丟掉這些衣物。

心理準備

以我個人的經驗來說，保持冷靜是迎接馬拉松比賽的最棒方式，這能幫助你做好心理準備。還沒開始跑步就心跳加速，絕對不是好主意。不妨回想一路以來的訓練過程，再次確信自己的體能已有進步，足以應戰。訓練不會騙人，付出多少努力就有多少收穫。我們稱之為「審慎而堅信」，意思是：我們承認比賽難度極高，但過去訓練已讓我們做好萬全準備。

這樣的策略何以奏效呢？首先，它能迫使你放慢思緒，接受眼前挑戰艱鉅痛苦的事實，避免你一開始過於興奮而跑得太快。其次，當比賽變得辛苦時，你心理已有準備，你曉得這不會是「一塊小蛋糕」。透過這種方式，你已備妥正面積極的想法，等著它們發揮效用助你熬過全馬。事實上，當你忍受不適持續往前踏步時，你將會被自己的耐力與堅持所激勵。

比賽準則

一旦鳴槍起跑後，你便開始兌現過去所有訓練的價值。關於比賽策略，我們最常被問的問題是前後段的速度差異。我們先前已討論為何上半場不能跑太快的生理考量，但其實背後有更多值得深究之處。在訓練過程中，你的許多訓練都針對特定配速而設計。我們深信「如何練如何比」的道理，並再三強調「訓練嚴守配速」的重要性，目的就是希望你在比賽日也能取得如同訓練的成果。更精確地來說，我們的訓練重點放在下半場速度略快於上半場，也就是「後段加速」策略。凱文經常提醒跑者，「一開始跑太慢不會搞砸賽事，跑得太快才會」，換言之，一開始配速過快會對整體速度帶來極大傷害。若你一開始跑太快，之後速度逐漸放慢，不只是身體倍感壓力，當你被一開始速度較慢的跑者超越時，你的心理也會遭到打擊。

事實上，所有世界紀錄都是在後段加速的情況下達成，而這也是許多人創下個人佳績的方式。當你一開始維持指定配速，之後在賽事後半段逐漸超越那些高估自己能力的跑者，你會獲得更多自信。許多跑者表示，他們在比賽一開始的狀態良好，於是想趁勝追擊加快速度，但下場通常不是太好。馬拉松的距離極長，你在 2 英里時覺得舒服的配速，不一定適合 20 英里。

你在多數情況下應維持穩定配速，但此原則還是有彈性的。有時候，創下個人佳績需要其他因素配合，特別是天氣。當你用盡力氣訓練，比賽日卻遇上高溫、颶風來襲或季風形成，這確實令人洩氣。這些都是你無法控制的外在因素，而它們也確實會影響到你的賽事表現。在這種情況下，你很容易會覺得搞砸一切。即使你在訓練過程中得到許多生理效益，因為氣候因素無法跑出個人佳績依然

令人心碎。若你遇到這種情況，建議你換個角度思考，想想你決定投入馬拉松訓練的真正理由，以及你從中獲得的無數生理效益與個人心境的成長。即使你被迫放慢速度，這也不會是世界末日。如同我們所強調的「聰明訓練」，你必須靈活調整比賽策略。當意外出現時，你得因應而動，才能順利抵達終點。

從溫度觀點來看，當溫度達華氏 60 度以上，你每英里速度可能變慢 5～8 秒。一般來說，當華氏 60 度時，你每英里速度會慢 5 秒，華氏 70 度時慢 10 秒，華氏 80 度時慢 15 秒。其他因素也會有影響，若你已在酷熱的天氣下訓練數個月，那速度差別或許不大。同理，體型較小、訓練經歷豐富的人也有較好的適應能力。總言之，依每個人情況不同，因氣候因素而調整的完賽時間各有差別。

比賽中能量補給

我完全無法理解，為何許多賽事將唯一的能量膠補給站設在 18 英里處。若你抵達此關卡前耗盡能量，那這些卡路里根本無法發揮作用。我們不斷強調及早補充熱量與水分的重要性。菁英跑者會確保每 5 公里都能喝到自己特製的飲料配方。生理學家指出，我們胃部每 15 分鐘能容納 8 盎司的水，而這相當於菁英跑者跑 5 公里的時間。話雖如此，其他 99.9％的跑者沒有個人配方飲料可以喝，但多數賽事每 2 英里便會設立一個補水站。這意味著，若你每個補水站都有喝水，你的補水效率就不會輸給菁英跑者。補給站的水杯容量約 6～8 盎司，裡頭通常裝 4～6 盎司，扣掉灑出去的部分，跑者大約可喝到 2～3 盎司飲料。我們建議你進到補水站時，先在頭幾個桌子取一杯，跑到後幾個桌子時再取第二杯。運動飲料是最佳選

擇，若沒有也可以選擇水。若你有吃能量膠，那就只能配水喝。

比賽中調整配速

多年來，我們看到許多跑者在賽事初期不是跑得太快就是跑得太慢，通常是因為前方擠了一堆參賽者。一旦跑者擺脫這群人，他們通常會開始加速，希望彌補之前被拖累的速度，但這卻導致配速落差過大。舉例來說，每英里配速 9 分鐘的跑者，受到前方眾多參賽者阻礙，導致前幾英里配速拉長至 9 分 20 秒。當他在 10 公里處擺脫這群人時，焦急的他開始加速至 8 分 45 秒，而非回到原本 9 分鐘配速。此時並非加速的時刻，該名跑者應回到比賽配速，藉此保存體力，之後幾英里再緩慢加速，以達到後段加速的目標。

你在上半場可能狀態絕佳，但這不代表你可以隨意加速。我看過無數跑者上半場跑得超快，但下半場後繼無力、疲憊癱倒。若你在賽事初期無法抵擋腎上腺素衝動導致配速過快，此時千萬別慌張。試著調整一下，慢慢放慢至比賽配速。嘗試找到跑步節奏，讓它帶領你跑完全程。專注於自己的配速，別管其他跑者在做什麼。若你被幾位跑者超車，只要想像自己一會兒便能追上，而這確實是許多人的共同經驗。

比賽日物品檢查清單

- · 鞋子與襪子
- · 背心或運動內衣
- · 跑褲

- 礦泉水／運動飲料
- 比賽號碼布
- 計時晶片
- 別針或比賽號碼繫帶
- 能量膠
- 手錶
- 太陽眼鏡
- 帽子
- 護唇膏與防晒乳
- 賽前與賽後衣物
- 毛巾
- 衛生紙或紙巾
- 保溼防磨膏（Body Glide 品牌或凡士林）
- 保護乳頭的 OK 繃（男性用）
- 手套／袖套
- 可丟棄的衣褲
- 錢
- 賽後裝備的背袋
- 地圖與參賽手冊

第十二章
比賽之後：現在與展望

　　對於漢森－布魯克斯長跑計畫團隊來說，全休 2 週不跑步是賽後基本原則。我剛加入時，休息時間僅有 10 天，但凱文與凱斯認為這不夠久。不論達到目標與否，你都必須沉澱休息 2 週。當你跨越終點線時，你就像個賽車手，一心祈禱汽車燃料足以讓你衝過方格旗。儘管你在比賽過程持續補充熱量與水分，但根本不可能維持儲備充足。當終點線映入眼簾時，你或許已耗盡能量。賽後休息是非常重要的，這能給予身體一段時間，讓肝醣與水分恢復至正常水平。

　　除了耗盡能量，你的肌肉也會出現損傷。我曾跑過 10 次馬拉松，成績從 2 小時 14 分到 20 分都有，唯一不變的是隔日痠痛。我的肌肉僵硬酸痛，身體精疲力竭。馬拉松令你的肌肉分解，需要一段時

間休息與復原。

賽後方針

2 週休息時間可讓你的身體恢復健康，足以因應下一個計畫。當你跨越終點線後，可以參考以下的賽後方針。

比賽剛結束

跑者抵達終點線後，腦中第一個浮現的想法，通常是：「好了，那接下來要幹麼？」我們耗費大量時間進行訓練，很容易忘記為賽後做規畫。不論完賽成績如何，只要盡了全力，你的馬拉松挑戰就算成功。因此第一件事你可以為自己感到驕傲，畢竟你逼出自己最大的潛力完成比賽。給自己一些時間享受這個偉大成就。這些正面感受將伴隨酸痛與疲勞一起浮現。我清楚記得，在完成首場馬拉松後，站在終點站的我心想：「我不可能再跑一次。」我之後又跑了10 場賽事。馬拉松確實辛苦，但經歷過第一次折磨後，許多跑者會開始愛上它。

賽後 30 分鐘

你在訓練後期遵循的原則，同樣可用於比賽後。或許你不想吃東西，但多少得補充一些熱量。至少你現在可以愛吃什麼就吃什麼。我的隊友對於雞湯念念不忘，我太太偏愛可樂，我個人朝思暮想的則是巧克力餅乾。此時重要的是補充卡路里，飲食來源沒有限制。事實上，終點站點心選擇有限，你也沒得挑。你幾乎已耗盡肝臟與

肌肉裡的肝醣，若能盡快攝取食物，身體恢復速度便能加快。此外，你血糖太低又脫水，電解質也不足。你越早開始補充營養，就能越快恢復正常。恢復的黃金時間很短，因此你得把握賽後 30 分鐘狂掃終點站食物。

賽後 2 小時

當你收拾好裝備與點心後，便能離開終點站與親友會合。此時只要吃得下、喝得下，就盡情享受吧。若你是在外地比賽，就回旅館梳理一下，記得換上舒服的衣物與鞋子。這時應該來到午餐時間，儘管你已厭倦義大利麵，還是多吃高碳水化合物的食物，以補足你消耗掉的肝醣。若你還沒準備好吃大餐，就以少量多餐的方式攝取熱量。此時最好選擇營養充足的點心，讓身體更快回到正軌，蔬菜水果與全穀類都是不錯的選項，同時可以搭配水、果汁或運動飲料。

比賽當天稍後

請持續補充熱量與水分。把腳抬高放鬆一下，讓自己休息幾小時，這是你應得的。身體此時還很僵硬、疲勞，但我傍晚還是會起身外出走走。你或許已從前輩口中聽到，接下來的幾天，連走路會都有點困難。隔日起床後的頭幾步艱辛無比，上下樓梯堪比攀爬聖母峰。從菁英選手到假日跑者，所有人跑完馬拉松之後，多少都會感到疲痛。除了肝醣儲備耗盡，肌肉也有損傷，因此賽後別計畫遠行出遊。以我的經驗來說，首次馬拉松的恢復最為困難。但隨著馬拉松經驗增加，恢復也越來越容易。在首場馬拉松之後，我花了近 2 個月才恢復正常。如今我僅需幾天時間。

賽後 3 ～ 5 天

這段期間都不要跑步。只要按日常行程爬爬樓梯即可。休息對你有極大助益。你不該跑步，也不要排定其他比賽行程。有些跑者賽後幾天便恢復跑步，導致雙腿往後一、兩個月恢復不佳。現在是好好休息的時刻，讓身體完全復原，之後再恢復跑步。不妨利用這幾天，做些訓練期間沒空做的事。不要煩惱下一場訓練或長跑行程，你可以補眠、看報紙，嘗試取得生活平衡。

賽後 2 週

許多跑者無法接受訓練停擺幾週，深怕辛苦得來的體能喪失殆盡。但我們必須了解一點：休息也是訓練的一部分。按照計畫休息，能降低受傷或過度訓練機率，從而避免被迫休息的情況發生。你最好給自己 2 週休息時間，雖然這有點像是背棄你過去幾個月的訓練紀律。有些人會完全休息 2 週，有些人則加入一些交叉訓練。兩者都可以，但輔助訓練強度不宜太高。簡單阻力訓練或騎騎自行車也是不錯的選擇。交叉訓練有助於維持你先前的訓練節奏，讓你更快重回跑步的懷抱。這段期間嚴禁跑步，好讓身體完全恢復。

2 週休息後

休息 2 週後，你現在可以重新跑步了。若你是首次完賽者，我們並不想定下具體復跑時間，而是建議你要特別謹慎。多數老鳥在休息 14 天後都迫不及待重新練跑。我們樂於看到這種熱忱，但問題是：太多人還沒休息夠就急著計畫下一場賽事。有目標是件好事，我們也樂見跑者熱衷訓練，但切記要保留彈性。不論新手或老將，

都要仔細觀察身體復原狀況，不要倉促回到場上。

恢復跑步

　　當你確認自己完全恢復並做好準備後，我們建議你從輕鬆跑開始。當你恢復跑步時，你可能不適應前幾場的訓練，覺得難度比以前還高。請別擔心，你的能力並沒有損失太多。休息 2 週會讓你體能下降約 5%，這並不是個天大的數字。新手可以從 2 天跑 30 分鐘開始，第一週課表建議如下：

新手跑者：恢復跑步首週

週一	慢跑 20 ～ 30 分
週二	休息（交叉／阻力訓練）
週三	慢跑 25 ～ 30 分
週四	休息（與週二相同）
週五	慢跑 30 分
週六	休息（與週二相同）
週日	慢跑 30 分

資深跑者的安排可以更積極些，但仍須根據身體對於訓練的反應而定。這類跑者的身體對於馬拉松訓練更有經驗，恢復跑步的過程或許會比較順利。即使如此，每位跑者都是獨一無二的，你應該仔細聆聽身體在賽後發出的訊號。資深跑者恢復跑步的第一週課表建議如下：

進階跑者：恢復跑步首週

週一	輕鬆慢跑 30 分
週二	輕鬆慢跑 30 分
週三	休息
週四	輕鬆慢跑 40 分
週五	輕鬆慢跑 50 分
週六	輕鬆慢跑 50 分
週日	輕鬆慢跑 60 分

所有程度的跑者都可以恢復肌力訓練，一週約 2 或 3 次。這些運動最好與素質練習日隔開，如此才方便訓練規畫。舉例來說，若你未來打算在週二、週四與週日進行素質練習，那就把肌力訓練日排在週一、週三與週五。透過這種方式，你可以在週末做跑步訓練的情況下，依然提升跑步基本能力。

照前述計畫結束首週後，在第二週便可以提高跑量，但全部的

比賽之後：現在與展望

跑步一樣是輕鬆跑。你必須按照身體對於首週課表的反應做出調整。若你覺得狀況絕佳、期待多跑一些，那不妨增加一點跑量。新手可增加 1 天 30 分鐘跑步，變成每週 5 天跑步、每次 30 分鐘。資深跑者則可拉長每次跑步時間，目標是一週 6 天、每次 45 ～ 60 分鐘輕鬆跑。但你仍然覺得身體酸痛、疲累，那就再給自己一週低跑量時間，讓身心慢慢恢復。

賽後 4 ～ 6 週

在經過 2 週輕鬆跑後，接下來 2 週應該開始建立跑量，讓自己慢慢回到正常訓練量。進階跑者課表高峰期週跑量約 60 ～ 70 英里，但每週平均跑量約 35 ～ 45 英里；新手課表略低，平均週跑量約 30 ～ 35 英里。一旦你再次習慣「平均」週跑量後，就可以開始正規訓練，並為新賽事或目標擬定計畫。不論目標為何，訓練時間不必拘泥於 18 週。當經驗越來越多，準備馬拉松的時間就可以減少幾週。在多數情況下，以提升速度或打底作為目標的課表，時間可以短至 10 ～ 14 週。跑者可接受的週跑量越高，他所需的訓練時間通常可以越短。

展望未來

此時的重點在於下一步目標為何。跑者常認為自己必須無時無刻投入馬拉松訓練，但這對於許多人來說並非最佳選項。舉例來說，我們會限制參與菁英課表的學員 2 年內最多報名 3 場馬拉松。這背後有其道理：若你剛跑完秋季馬拉松，不妨趁此時先強化體能，之後再開始春季馬拉松訓練。這段 11 月至 1 月的空檔可用來培養基本

跑步體能，另一個原因則是這段時間假期眾多，你必須兼顧家庭責任。對於剛完成新手或只求完賽課表的跑者來說，此時是提升跑量與慢慢過渡至進階課表的絕佳時機。這段時間允許你安全、緩慢地提高跑量，為更高難度的訓練做好準備。

有些跑者決定投入短距離賽事訓練以提升體能水準。與馬拉松訓練相比，針對 5 公里與半馬賽事的訓練，更能幫助跑者提升速度、保持腳步輕盈。我們遇過許多學員過度執著於馬拉松，他們需要的是退一步思考並加強過去疏忽的某些訓練。能夠應付馬拉松距離是件好事，但跳脫舒適圈也有其好處。對於剛跑完春季馬拉松、還想參加秋季賽事的跑者而言，中間安插強化速度的 10 週訓練好處多多。在賽後休息 2 週後，他們可以先專注於較短距離賽事的訓練，之後再為馬拉松努力。經過速度訓練後，跑者通常腳步更輕盈、跑得更快，有利於全馬突破佳績。

評估賽事成敗並決定未來方向

不論比賽結果如何，每個訓練週期對運動員都有其價值。找出成功與失敗的模式，才能確保你持續成功。我們盼望你的努力在比賽時開花結果，但有時事與願違。無論如何，你必須檢視訓練週期中的一切細節，試圖找出提升與阻礙體能進步的因素。在每次訓練週期結束後，你可以問自己以下幾個問題：

· 我能按規定完成所有訓練嗎？若無法的話，我是跑太多或太少？

- 所有訓練都能跑在規定配速嗎？若無法的話，哪些訓練比較棘手？
- 我的輕鬆跑、長跑或其他訓練的配速是否過快？
- 這次訓練週期週跑量是否較高？比我先前訓練高？
- 目標配速是否超出能力？是否訂得太高？
- 我的目標與近來表現，和實際體能是否相稱？
- 與過去訓練週期相比，這次賽前規畫執行得如何？
- 是否確實執行比賽計畫？我一開始是否跑太快或太慢？
- 有親友到場加油嗎？他們的支持帶來什麼效果？
- 在這次訓練週期期間，我的生活發生什麼變化？
- 與過去訓練週期相比，此次生活壓力較大或較小？
- 在這次訓練週期期間，我是否生病？
- 在這次訓練週期期間，我是否受傷？
- 在這次訓練週期期間，我的睡眠狀況如何？
- 在這次訓練週期期間，天氣狀況如何？我是否針對天氣做出調整？

透過這些問題，我們試圖找出決定賽事成敗的關鍵。你必須盡量納入成功因素，剔除或調整失敗因素。擁有分辨成敗因素的能力，能讓你比別人更快提升體能。

在你找出部分成功或失敗因素後，下一步該如何做呢？首先，如同本章前頭所說，你必須獲得充分恢復，確認自己沒有受傷或過度疲勞。休息過後，再好好思考下一步。若需要幫忙，可參考圖12.1 的決策地圖。

圖 12.1　決策地圖

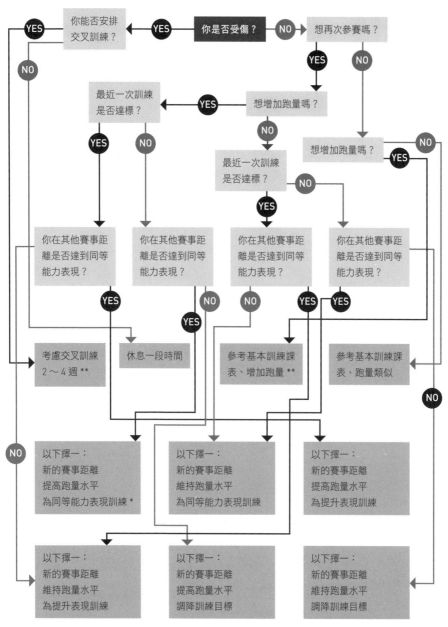

* 「為同等能力表現訓練」意思是專注於較短距離賽事的訓練。例如：若你馬拉松成績想跑進 3 小時，但半馬成績無法突破 1 小時 30 分，
不妨考慮先開一個訓練週期，讓你的半馬成績進步到 3 小時馬拉松的同等能力表現，之後再嘗試馬拉松比賽目標時間。

** 你可以在 www.hansonscoachingservices.com 找到漢森基本訓練課表與交叉訓練內容。

附錄 A：

菁英訓練計畫：漢森－布魯克斯長跑計畫

漢森兄弟透過新手與進階課表持續精進指導原則與訓練方法，他們在 1999 年時毅然決定將自己的專業與經驗拓展至菁英跑者領域。那時跑步運動經歷極大的轉變，專業訓練團體在全美各地大量出現，它們共同目標是幫助美國職業選手。非洲國家當時已稱霸長跑賽事多年，令美國等國不得不重新思考自己訓練奧運選手的方法。凱文與凱斯那時已是知名教練，他們深知自己擁有能幫助菁英跑者取得國際賽事成功的必要工具與訓練方法，於是推出了漢森－布魯克斯長跑計畫。我在該計畫待超過 10 年時間，親眼見證菁英教練與專業訓練團體的重要性。若我提早 5 年踏入跑步界，我獲得的資源勢必少上許多，職業生涯也可能提早結束。無數跑者（包括我在內）

對於漢森兄弟滿懷感激，因為他們開啟並維持這個菁英長跑計畫。

　　仔細檢視參與此計畫的跑者，我們會發現在大學時期便表現突出的人僅占少數。但由於該計畫重視跑者長期發展，跑者的成就遠勝過美國其他菁英計畫。自漢森－布魯克斯計畫專案成立以來，裡頭至少有 9 名女性成員馬拉松比賽跑進 2 小時 45 分，其中 3 位低於 2 小時 33 分。男性成績也絲毫不遜色，共 24 人馬拉松比賽跑進 2 小時 20 分，其中 8 位低於 2 小時 15 分。我們在此學到的是，長期發展與成功需要時間投入。雖然本計畫多數成員在大學時代表現平平，但他們遵照本書 18 週課表背後依賴的訓練原則而大獲成功。在你理解自己訓練課表背後原理的過程中，你可能發現其中與菁英選手訓練有其相似處。這不僅有助於你破除對於菁英選手訓練方法的迷思，更證實你的訓練與奧運明日之星有其相似之處。

　　我們的新手與進階課表皆強調長期發展，菁英課表也不例外。事實上，當跑者加入時，確保他們的跑步生涯能獲得成功一直是我們的目標。凱文與凱斯試圖透過數月甚至數年時間孕育跑步人才，而非培養一個追求短暫佳績、容易過度訓練與疲勞的跑者。參與我們計畫的跑者，大多缺乏晉級全國或國際賽事的資格，他們通常別無選擇，只能耐心地等待計畫發揮效果。美國馬拉松選手巔峰年紀約是 29 ～ 30 歲左右，而我們的成員平均年齡落在 23 ～ 25 歲，換言之，這給予他們幾年時間能夠成長茁壯，將馬拉松潛能發揮至最大。仔細觀察透過此計畫獲得成功的跑者，你會發現，他們的訓練時間通常超過 1 或 2 年。長跑名將布萊恩‧賽爾 2001 年加入我們，數年來每一場馬拉松都讓他成績進步一些，一直到 2008 年奧運比賽，他的完賽時間從 2 小時 20 分進步至 2 小時 10 分 30 秒。另一位女性選

手德希蕾‧林登的情況類似，從 23 歲到 28 歲，她的成績從 2 小時 30 分附近進步至 2011 年波士頓馬拉松亞軍的 2 小時 22 分。在 2012 年奧運之後，她在柏林、紐約與波士頓馬拉松都跑進前五名。她於 2016 年再次入選奧運馬拉松團隊。

我們所有訓練課表都確切實踐長期發展的原則，但本書其他課表與菁英課表仍有一些差別。事實上，菁英運動員的生活與多數跑者極為不同，而菁英課表也適切地反映出這點。儘管如此，你可能會對自己的課表與菁英課表差別不大而感到驚訝。

菁英課表的組成

9 天訓練週期。當我 2004 年加入漢森－布魯克斯長跑計畫時，我們每週的訓練安排與本書其他課表內容相似，也就是週二速度跑、週四節奏跑，週日則是長跑。但後來課表逐漸演變成 9 天的訓練循環，如同下方所示：

週日：18 ～ 20 英里長跑

週一：早上輕鬆跑 12 ～ 14 英里，下午輕鬆跑 4 ～ 6 英里

週二：同週一

週三：節奏跑 8 ～ 12 英里

週四：同週一

週五：同週一

週六：速度跑 5 英里（比馬拉松配速快 20 秒）

週日：同週一

週一：同上週一

菁英課表週跑量全年大致不變。比方說，當我為馬拉松訓練時，每週跑量約 110 ～ 140 英里，而當我為其他較短距離賽事訓練時，週跑量還是維持在 100 ～ 120 英里。由於週跑量極高，因此每週進行傳統長跑並非絕對必要。而每次輕鬆跑跑量達 12 ～ 14 英里，或 1 小時 18 分～ 1 小時 35 分，跑者所獲得的有氧生理適應堪比長跑。高跑量加上 9 天訓練週期，將能夠發揮更好的效果，因為這既帶來重要的生理適應，也能讓跑者獲得充分恢復。

　　週跑量。仔細觀察菁英課表，你會注意到總跑量遠高於本書其他課表。進階課表高峰期週跑量約 70 英里，而使用菁英課表的男性跑者週跑量可達 120 ～ 140 英里，女性達 120 ～ 130 英里。菁英課表裡頭涉及許多因素，使得如此高的跑量能被接受並發揮成效。

　　第一個因素是時間。我們指的不是一天 24 小時或每週 7 天，而是跑者先前緩慢增加跑量的訓練年數。多數跑者開始此課表時，週跑量並未超過 100 英里，但其中多數人已經達到 80 ～ 100 英里。我們安排 9 天循環，跑者便不必一週從事 3 次素質練習，又要兼顧高達 120 英里的週跑量，僅需每 3 天一次素質練習，並透過輕鬆跑日子增加跑量。增加跑量有時會傷害跑者表現，但隨著時間帶來生理適應，成績便會慢慢進步。

　　第二個因素是恢復。除了以輕鬆跑提高跑量，9 天訓練週期亦允許跑者在素質練習的日子中間獲得穩定恢復。在這些額外的輕鬆跑日，累加疲勞原則仍扮演重要角色，但它必須與預防受傷取得平衡。當輕鬆跑每日的跑量達到 16 ～ 20 英里時，安插在素質練習之間的

輕鬆跑便能提供額外的恢復效益。這些日子在菁英課表被歸類為「輕鬆跑」，但它們的配速通常與馬拉松配速差不多。舉例來說，在馬拉松訓練高峰週時，輕鬆跑配速通常是每英里6分鐘至6分鐘30秒，而長跑配速約5分30秒至6分鐘。若馬拉松比賽配速是每英里5分05秒，這類跑步通常應比此配速慢上25秒至1分15秒。

第三個因素則是訓練區塊設計。新手與進階課表在每週的訓練安排之間有著明顯變化的區隔點，最初是速度跑，後來逐漸引進節奏跑，而當比賽專項訓練開始時，便明顯改成強化跑。菁英課表設計完全不同，我們不會花數週從事節奏跑或長跑等訓練，因為早在先前幾個月就已經做過。相反地，這些訓練被分散至課表之中以維持訓練平衡。此外，菁英課表訓練量極高，因此不需18週的週期。我個人覺得，12～14週最適合我自己，它包括2週準備、8～10週高跑量與高強度訓練，以及2週減量階段。超過這個時間長度，我會覺得自己無法負荷，容易過度訓練。

此外，加入專業跑步訓練團體（如本計畫）也能讓高跑量變得更易執行。參與本計畫的跑者雖有工作得忙（除了跑步外），但他們必定每晚睡飽8～10小時，同時在中午找時間小盹。我們必須承認一件事，若每週都能午睡2小時好幾次，你應能承受更高跑量。而獲得跑鞋贊助也能讓高跑量變得容易些。當本計畫的跑者週跑量達140英里時，他們勢必得消耗不少跑鞋，若有人供應跑鞋，便能減輕不少經濟負擔。此外，我們團體聘僱脊椎矯正師、物理治療師與其他醫生，這些專業人士深知跑者需求並協助處理傷病狀況。

素質練習。隨著每週整體訓練量增加，素質練習跑量也會提高。

這代表的是，不論是新手、進階或菁英課表，素質練習跑量與整體訓練量是成比例變化的。仔細檢視菁英課表的素質練習，便能發現與其他課表相似之處。

- **長跑**：在我們再三推薦 16 英里長跑後，你可能會訝異於菁英課表裡的長跑高達 20 ～ 22 英里。其實重點並不在於 16 或 22 英里，而是長跑在週跑量的占比與完成時間。以週跑量 120 英里為例，20 英里約占 16 ～ 17％。對我來說，這大約耗費 1 小時 55 分至 2 小時 10 分，剛好落在建議時間內。另一方面，對於週跑量 70 英里的跑者來說，16 英里約占 23％，完成時間同樣大約 2 小時。儘管實際里程數不同，但兩者帶來的代謝刺激與生理適應是相似的。

- **速度跑**：在新手與進階課表裡，速度跑共占 3 英里，約占每週跑量 50 英里的 6％。而菁英課表速度跑跑量通常約 6 英里，約占週跑量 120 英里的 5％。兩者背後的安排原則是不變的：速度跑在週跑量的占比較小，我們在意的是透過低於乳酸閾值的訓練發展整體有氧能力。

- **強化跑**：不論課表等級高低，強化跑對於馬拉松能力的提升都非常重要。在新手與進階課表、週跑量達 55 ～ 70 英里的期間，6 英里強化跑約占 9 ～ 10％。在菁英課表裡，強化跑跑量通常介於 9 ～ 12 英里，約占週跑量 120 英里的 8 ～ 10％。這再次證明我們的原則：不論任何課表，隨著整體跑量提升，素質練習跑量也會按比例

增加。

- **節奏跑**：在新手與進階課表高峰週跑量期間，節奏跑 10 英里跑量約占 15％。菁英課表的節奏跑跑量也約是 10 英里，約占週跑量的 12％。此占比略低，原因是菁英課表包括和節奏跑同性質的變化課表，詳見本附錄後頭內容。

菁英課表訓練

多年來，我們指派給菁英跑者的多項訓練獲得全國關注。這些訓練只存在於菁英課表，其中多數（如麵包奶油強化跑與模擬賽）並不適合新手或進階課表，因為跑量實在太高。

長跑變化課表

- **穩定狀態持續跑**：這是我最喜歡的變化項目，因為它涉及高度專注力，降低訓練一成不變的枯燥感，同時能刺激重要的有氧適應。這個項目適用於經驗豐富卻因生活要務無法提高跑量的跑者。當跑者體能提升到一定水準時，便能將它排入課表裡。它一開始與其他長跑沒兩樣，但你之後必須緩慢提高速度至低於目標配速約 30 秒，並在 50 ～ 70％的跑步過程中維持這個速度。強迫自己努力跑步，讓身體逼近大部分使用脂肪但逐漸動用珍貴碳水化合物儲備的臨界點，如此一來便能刺激有氧閾值。你的身體試圖保存碳水化合物，因此會開始適應此配速

並將燃脂能力升至最高。維持準確配速非常重要，因為若跑太快會很早遇到撞牆期，跑得太慢又達不到預期效果。這個訓練也是一項心智考驗，因為跑者必須長時間保持專注認真跑步，正如同馬拉松賽事一樣。

· **倒數 3 英里加速跑**：凱文與凱斯設計這個長跑變化，目的是幫助我們在雙腳疲憊狀態下仍能加速。如同其他長跑，你在這項訓練大部分時間都維持適當配速，唯一的差異在於最後里程。跑不下去時已很痛苦，更困難的是還得加速。你的雙腳在最後 3 英里時已疲勞不堪，此時你必須將速度提高至目標配速甚至超過。此舉目的在於教會身體「即使疲勞也得跑下去」的道理，不斷挑戰自己極限。從生理學來說，這能徵召中間肌，甚至動用部分快縮肌。這對比賽非常有用，因為它成功模擬馬拉松耗盡你能量卻得持續向前的狀況。進階跑者也可以利用此法，幫助他們取得參賽資格或爭取當地賽事名次。

· **能量耗竭**：在一個訓練週期裡，我只會從事 1 或 2 次這種訓練，因為它違背我們一貫的準則，也就是利用長跑練習補充能量。有些教練強烈建議跑者長跑時避免攝取水分或碳水化合物，他們深信這能讓身體學會更有效率地燃脂。但建議還是不要如此做，你依然得在多數長跑裡練習如何補充營養，除非是例外情況，而能量耗竭訓練便是其一。在這個特殊訓練裡，配速不是那麼重要，甚至慢於其他長跑，畢竟跑者跑步前並未吃任何食物、只能喝水。此訓練透過耗盡大部分肝醣儲備，促使身體

　　　　　　　　　　　　　　附錄 A

儲存更多肝醣（同肝醣超補法）。我們的跑者通常將此訓練作為賽前最後一場長跑訓練。當他們結束跑步立刻進入減量階段時，碳水化合物裝載階段啟動，肌肉便會儲存更多肝醣。雖然這看起來沒什麼大不了，但它決定了你在比賽中會撞牆，或是撐過難關。

節奏跑變化課表

- **逐漸加速（Cutdown）**：此訓練里程介於 10～12 英里，菁英跑者從每英里 6 分鐘配速開始，一路遞減 10 秒直到半馬配速。典型範例為：6 分鐘、6 分鐘、5 分 50 秒、5 分 40 秒、5 分 30 秒、5 分 20 秒、5 分 10 秒、5 分與 4 分 50 秒。跑者一開始對於配速經常覺得輕鬆，但每英里的難度將逐漸提高。

- **倒數 5 英里加速跑**：此節奏跑距離共 10 英里，前半程維持馬拉松配速，後半程加快至半馬配速或盡力快跑。

- **模擬賽**：菁英課表於 2006 年時首次引進此訓練，當時我們正為波士頓馬拉松做準備。我清楚記得這件事，因為凱文兄弟沿路放上特製海報板標示里程，衛斯理學院（Wellesley）那一站搭配的是比基尼女郎。此方法顯然奏效，我們團隊那年共拿下第 4、10、11、15、18、19 與 22 名。跑者須以目標配速進行賽事模擬，路線與地形仿造比賽。若你在為紐約馬拉松做準備，那地形盡量接近此賽，不要模擬芝加哥馬拉松。若安排地形與實際賽

事有落差，模擬賽便無法發揮那意想不到的神奇效益。此訓練不僅能讓你練習以目標配速跑步，同時也能讓你熟悉路線並發展出自己的比賽計畫，體會一下賽事當天是什麼感受。請注意，模擬賽最多不要超過 20 英里（包括暖身與收操）。若跑者跑量很低，嘗試此訓練並非是個好主意。除了找到適合路線，跑者週跑量至少要達到 100 英里，才能從事此訓練。模擬賽通常於比賽前四週進行，建議擺在一系列艱辛的高峰訓練之前執行。

強化跑變化課表

· **麵包奶油強化跑**（Bread and Butter Workout）：這個 2 趟 6 英里的訓練自菁英課表發明後便存在，它是漢森訓練法第一個引起媒體關注的項目。這項訓練與一般強化跑類似，通常安排在模擬賽後 10 天進行。在暖身後，跑者前 6 英里以快於目標配速 5 秒的速度跑步，之後是 10 分鐘輕鬆慢跑，再以快於目標配速 5 ～ 10 秒速度跑 6 英里。此訓練能有效提升馬拉松表現。在賽事前 3 週進行此訓練，之後銜接減量階段。跑者在這個階段還有其他訓練得做，跑量仍高，但完成這項最困難的訓練後，心態上便會輕鬆不少。從此刻起，直到比賽日，跑者應將重點放在聰明訓練、維持體能與加速恢復。

3：2原則

　　除了上述所有訓練方法，凱文與凱斯還有一項要求所有菁英團隊跑者都必須遵守的極嚴格規定，那就是3：2原則。它的意思是，跑者2年內最多只能參與3場馬拉松。理由在於，當跑者開始追求比賽成績，他們經常會落入春季接續秋季馬拉松的無盡循環。跑者常會忽略某些訓練要素，特別是速度。漢森兄弟堅持此原則，鼓勵本計畫的跑者將整個賽季時間用於改善雙腳速度，而這最終將有助於提升他們的馬拉松成績。使用其他課表的跑者不妨也試試此方法。若你遲遲無法進步，或許可花些時間投入5公里與10公里賽事練習，之後回到馬拉松訓練時便能突破瓶頸。

菁英課表訓練日誌參考

　　表A.1是我個人參與2011年聖地亞哥搖滾馬拉松的訓練日誌，時間從2月到6月。此課表是針對我的需求而設計，但它也是漢森－布魯克斯長跑計畫菁英跑者的典型範本。至於女性菁英跑者的週跑量同樣高達120英里以上，和男性的唯一差別是在於配速。事實上，菁英跑者的訓練沒什麼特殊之處，原則相同，所有人都適用。

附錄 A

表 A.1 菁英課表訓練日誌範例：2011 年聖地亞哥搖滾馬拉松（2 月至 6 月）

週	週一	週二	週三	週四
1	8 英里 56 分鐘（1 英里 7 分鐘）	8 英里 56 分鐘（1 英里 7 分鐘）	8 英里 56 分鐘（1 英里 7 分鐘）	9 英里 63 分鐘（1 英里 7 分鐘）
2	10 英里 70 分鐘（1 英里 7 分鐘）	白天：8 英里 56 分鐘（1 英里 7 分鐘） 晚上：4 英里 28 分鐘（1 英里 7 分鐘）	10 英里 1 小時 8 分 46 秒（1 英里 6 分 48 秒）	節奏跑 8 英里，從 1 英里 6 分鐘遞減至 5 分 10 秒（共耗時 45 分 30 秒，平均 1 英里 5 分 41 秒）；含暖身與收操共 12 英里
3	白天：10 英里 70 分鐘（1 英里 7 分鐘） 晚上：4 英里 28 分鐘（1 英里 7 分鐘）	白天：10 英里 70 分鐘（1 英里 7 分鐘） 晚上：6 英里 41 分鐘（1 英里 6 分 50 秒）	白天：10 英里 70 分鐘（1 英里 7 分鐘） 晚上：6 英里 41 分鐘（1 英里 6 分 50 秒）	3 組 2 英里，以馬拉松目標配速完成，恢復跑 0.5 英里（6 英里 30 分 10 秒，平均 1 英里 5 分 1 秒），含暖身與收操共 13 英里
4	16 英里長跑 1 小時 35 分（1 英里 5 分 56 秒）	白天：10 英里 1 小時 8 分（1 英里 6 分 48 秒） 晚上：6 英里 40 分鐘（1 英里 6 分 40 秒）	白天：12 英里 1 小時 20 分（1 英里 6 分 40 秒） 晚上：4 英里 27 分 30 秒（1 英里 6 分 52 秒）	2 組 3 英里，配速 1 英里 5 分 1 秒，恢復跑 1 英里；含暖身與收操共 13 英里
5	18 英里長跑 1 小時 45 分（1 英里 5 分 50 秒）	白天：12 英里 1 小時 20 分（1 英里 6 分 40 秒） 晚上：4 英里 27 分鐘（1 英里 6 分 45 秒）	白天：12 英里 1 小時 22 分（1 英里 6 分 50 秒） 晚上：4 英里 28 分鐘（1 英里 7 分鐘）	白天：12 英里 1 小時 22 分（1 英里 6 分 50 秒） 晚上：4 英里 28 分鐘（1 英里 7 分鐘）

週五	週六	週日	週跑量
8 英里 56 分鐘（1 英里 7 分鐘）	10 英里 70 分鐘（1 英里 7 分鐘）	**白天**：8 英里 56 分鐘（1 英里 7 分鐘） **晚上**：4 英里 28 分鐘（1 英里 7 分鐘）	63 英里
白天：7 英里 46 分 30 秒（1 英里 6 分 38 秒） **晚上**：6 英里 41 分鐘（1 英里 6 分 50 秒）	**白天**：輕鬆跑 9 英里 63 分（1 英里 7 分鐘） **晚上**：4 英里 27 分鐘（1 英里 6 分 45 秒）	輕鬆跑 10 英里 68 分 30 秒（1 英里 6 分 51 秒）	80 英里
14 英里 1 小時 35 分（1 英里 6 分 47 秒）	**白天**：10 英里 1 小時 8 分（1 英里 6 分 48 秒） **晚上**：4 英里 27 分鐘（1 英里 6 分 45 秒）	休息	87 英里
白天：12 英里 1 小時 20 分（1 英里 6 分 40 秒） **晚上**：4 英里 28 分鐘（1 英里 7 分鐘）	**白天**：10 英里 1 小時 8 分（1 英里 6 分 48 秒） **晚上**：6 英里 40 分鐘（1 英里 6 分 40 秒）	**白天**：10 英里 1 小時 8 分（1 英里 6 分 48 秒） **晚上**：6 英里 41 分鐘（1 英里 6 分 50 秒）	109 英里
5 組 2 英里，恢復跑 0.5 英里，每組完成時間為 10:08、10:02、10:00、10:00、10:01，共 18 英里	**白天**：10 英里 1 小時 7 分（1 英里 6 分 42 秒） **晚上**：6 英里 41 分 40 秒（1 英里 6 分 56 秒）	**白天**：12 英里 1 小時 16 分 30 秒（1 英里 6 分 22 秒） **晚上**：4 英里 26 分 45 秒（1 英里 6 分 41 秒）	116 英里

附錄 A

週	週一	週二	週三	週四
6	20 英里長跑，1 小時 51 分 30 秒（1 英里 5 分 34 秒）	白天：12 英里 1 小時 18 分（1 英里 6 分 30 秒） 晚上：6 英里 42 分（1 英里 7 分鐘）	白天：12 英里 1 小時 17 分 30 秒（1 英里 6 分 27 秒） 晚上：6 英里 42 分（1 英里 7 分鐘）	白天：10 英里，遞減每英里時間，56 分（平均 1 英里 5 分 36 秒），共 16 英里
7	白天：12 英里 1 小時 21 分 30 秒（1 英里 6 分 47 秒） 晚上：6 英里 40 分 30 秒（1 英里 6 分 45 秒）	20 英里長跑，2 小時 9 分 30 秒（1 英里 6 分 28 秒）	白天：14 英里 1 小時 33 分（1 英里 6 分 38 秒） 晚上：6 英里 40 分（1 英里 6 分 40 秒）	白天：14 英里 1 小時 32 分（1 英里 6 分 32 秒） 晚上：6 英里 39 分（1 英里 6 分 30 秒）
8	強化跑：3 英里 -2 英里 -3 英里，配速 1 英里 5 分 2 秒，恢復跑 1 英里，每組完成時間為 10 分、15 分、9 分 58 秒，共 15 英里	白天：15 英里 1 小時 38 分（1 英里 6 分 32 秒） 晚上：6 英里 38 分 40 秒（1 英里 6 分 28 秒）	白天：14 英里 1 小時 31 分（1 英里 6 分 30 秒） 晚上：6 英里 39 分 15 秒（1 英里 6 分 32 秒）	20 英里長跑 1 小時 51 分 30 秒，每英里配速為 6:34、5:51、5:45、5:47、5:45、5:43、5:31、5:40、5:23、5:30、5:29、5:24、5:18、5:23、5:32、5:26、5:20、5:15、5:29、5:10
9	白天：14 英里 1 小時 30 分（1 英里 6 分 25 秒） 晚上：6 英里 42 分（1 英里 7 分鐘）	白天：14 英里 1 小時 30 分（1 英里 6 分 25 秒）	節奏跑 10 英里，前半段以馬拉松目標配速跑步，後半段每英里 4 分 58 秒～ 5 分 2 秒，總耗時 50 分 48 秒（1 英里 5 分 4 秒），共 16 英里	白天：14 英里 1 小時 31 分（1 英里 6 分 30 秒） 晚上：6 英里 40 分（1 英里 6 分 40 秒）
10	白天：14 英里 1 小時 30 分 30 秒（1 英里 6 分 27 秒） 晚上：6 英里 39 分 30 秒（1 英里 6 分 35 秒）	節奏跑 10 英里，前半段每英里配速 5 分 12 秒，後半段每英里 5 分 2 秒，總耗時 50 分 48 秒（1 英里 5 分 4 秒），共 16 英里	白天：14 英里 1 小時 31 分 30 秒（1 英里 6 分 32 秒） 晚上：6 英里 38 分 45 秒（1 英里 6 分 27 秒）	白天：14 英里 1 小時 31 分 30 秒（1 英里 6 分 32 秒） 晚上：6 英里 39 分（1 英里 6 分 30 秒）

週五	週六	週日	週跑量
白天：12 英里 1 小時 20 分（1 英里 6 分 40 秒） **晚上**：6 英里 40 分鐘（1 英里 6 分 40 秒）	**白天**：12 英里 1 小時 18 分 30 秒（1 英里 6 分 32 秒） **晚上**：6 英里 39 分（1 英里 6 分 30 秒）	**白天**：12 英里 1 小時 22 分（1 英里 6 分 50 秒） **晚上**：6 英里 39 分（1 英里 6 分 30 秒）	126 英里
4 組 1 英里，比馬拉松目標配速快 20 秒（4 分 52 秒）在跑道完成，恢復跑 400 公尺，共 13 英里	**白天**：14 英里 1 小時 31 分 30 秒（1 英里 6 分 32 秒） **晚上**：6 英里 38 分 30 秒（1 英里 6 分 25 秒）	**白天**：14 英里 1 小時 31 分 30 秒（1 英里 6 分 32 秒） **晚上**：6 英里 38 分 30 秒（1 英里 6 分 25 秒）	131 英里
白天：14 英里 1 小時 31 分（1 英里 6 分 30 秒） **晚上**：6 英里 40 分（1 英里 6 分 30 秒）	**白天**：14 英里 1 小時 35 分（1 英里 6 分 47 秒） **晚上**：6 英里 40 分（1 英里 6 分 40 秒）	強化跑 3 組 3 英里，配速 1 英里 5 分 2 秒，恢復跑 1 英里，共 17 英里	133 英里
白天：14 英里 1 小時 31 分（1 英里 6 分 30 秒） **晚上**：6 英里 40 分（1 英里 6 分 40 秒）	21 英里長跑 1 小時 57 分（1 英里 5 分 34 秒）	**白天**：14 英里 1 小時 32 分 30 秒（1 英里 6 分 36 秒） **晚上**：6 英里 40 分 30 秒（1 英里 6 分 45 秒）	131 英里
白天：在跑道跑 8 組 1 公里，配速 1 英里 4 分 40 秒，恢復跑 400 公尺 **晚上**：6 英里 39 分鐘（1 英里 6 分 30 秒）	**白天**：14 英里 1 小時 34 分（1 英里 6 分 42 秒） **晚上**：6 英里 39 分 30 秒（1 英里 6 分 35 秒）	**白天**：14 英里 1 小時 32 分（1 英里 6 分 34 秒） **晚上**：6 英里 40 分（1 英里 6 分 40 秒）	130 英里

附錄 A

週	週一	週二	週三	週四
11	強化跑：5組2英里，每組時間介於9分41秒至9分44秒間，恢復跑0.5英里，共18英里	**白天**：14英里1小時32分（1英里6分34秒） **晚上**：6英里40分（1英里6分40秒）	**白天**：14英里1小時31分40秒（1英里6分32秒） **晚上**：4英里27分（1英里6分45秒）	強化跑：3組3英里，配速1英里4分52秒，恢復跑1英里（每組完成時間為14分36秒、14分42秒、14分40秒），共17英里
12	**白天**：14英里1小時31分（1英里6分30秒） **晚上**：6英里40分（1英里6分40秒）	18英里長跑，目的在於耗盡能量，1小時55分完成（1英里6分23秒）	**白天**：14英里1小時31分（1英里6分30秒） **晚上**：6英里40分（1英里6分40秒）	**白天**：14英里1小時32分（1英里6分34秒） **晚上**：6英里40分（1英里6分40秒）
13	20英里長跑1小時50分19秒，最後3英里配速為4分55秒、4分56秒與4分52秒	**白天**：14英里1小時32分（1英里6分34秒） **晚上**：6英里40分（1英里6分40秒）	**白天**：12英里1小時20分（1英里6分40秒） **晚上**：6英里40分（1英里6分40秒）	強化跑：2組6英里（第一組29分39秒完成，10分鐘恢復跑，第二組29分36秒），共19英里
14	**白天**：12英里1小時20分（1英里6分40秒） **晚上**：4英里28分（1英里7分鐘）	**白天**：14英里1小時33分（1英里6分38秒） **晚上**：6英里40分（1英里6分40秒）	20英里長跑，2小時5分（1英里6分15秒）	**白天**：14英里1小時33分（1英里6分38秒） **晚上**：6英里40分（1英里6分40秒）
15	16英里1小時43分（1英里6分26秒）	**白天**：12英里1小時20分（1英里6分40秒） **晚上**：4英里28分（1英里7分鐘）	**白天**：10英里1小時10分（1英里7分鐘） **晚上**：4英里28分（1英里7分鐘）	12英里1小時20分（1英里6分40秒）

週五	週六	週日	週跑量
白天：14 英里 1 小時 30 分 30 秒（1 英里 6 分 27 秒） **晚上**：6 英里 41 分（1 英里 6 分 50 秒）	**白天**：15 英里 1 小時 40 分（1 英里 6 分 40 秒）	半馬模擬訓練（在密西根州卡拉馬祖以 1 小時 6 分 39 秒完賽，1 英里 5 分 5 秒），共 20 英里	128 英里
在跑道跑 5 組 1 英里，配速為 1 英里 4 分 40 秒，恢復跑 800 公尺，共 16 英里	**白天**：14 英里 1 小時 31 分（1 英里 6 分 30 秒） **晚上**：6 英里 40 分（1 英里 6 分 40 秒）	**白天**：14 英里 1 小時 31 分（1 英里 6 分 30 秒） **晚上**：6 英里 39 分 50 秒（1 英里 6 分 38 秒）	134 英里
白天：14 英里 1 小時 32 分（1 英里 6 分 34 秒） **晚上**：6 英里 40 分（1 英里 6 分 40 秒）	**白天**：14 英里 1 小時 32 分（1 英里 6 分 34 秒） **晚上**：6 英里 40 分（1 英里 6 分 40 秒）	節奏跑 8 英里（共耗時 40 分 15 秒，平均 1 英里 5 分 1 秒），含暖身與收操共 14 英里	131 英里
14 英里 1 小時 34 分（1 英里 6 分 42 秒）	節奏跑 3 組 2 英里，以馬拉松目標配速完成，恢復跑 0.5 英里，共 14 英里	**白天**：12 英里 1 小時 20 分（1 英里 6 分 40 秒） **晚上**：4 英里 28 分（1 英里 7 分鐘）	120 英里
白天：8 英里 56 分（1 英里 7 分鐘）	**白天**：6 英里 42 分（1 英里 7 分鐘）	**全馬比賽！** 2 小時 14 分 37 秒完賽，創下個人最佳成績，最後 10 公里排名 2，總排名第 5	99 英里 （含比賽）

附錄 A

附錄 B：

將輔助訓練融入你的計畫

第七章輔助訓練章節提供許多資訊，現在讓我們試著將它付諸實踐。底下範本供你參考，讓你知道如何將伸展與肌力訓練加至課表。

我們僅列出新手課表（表 B.1）與進階課表（表 B.2）的範本，畢竟選擇只求完賽課表的跑者才剛接觸跑步，還不太熟悉馬拉松。對於初心者而言，增加課表項目並非明智之舉，畢竟原本的訓練對他們來說已是極大挑戰。

附錄 B

表 B.1　新手課表

週	週一	週二	週三	週四
1	–	–	休息	動態暖身等級一 輕鬆跑 3 英里（5 公里） 輕度靜態伸展／動態伸展操
2	休息	輕鬆跑 2 英里（3 公里）	休息	動態暖身等級一 輕鬆跑 3 英里（5 公里） 輕度靜態伸展／動態伸展操
3	休息	輕鬆跑 4 英里（7 公里）	休息	動態暖身等級一 輕鬆跑 4 英里（7 公里） 輕度靜態伸展／動態伸展操
4	休息	動態暖身等級一 輕鬆跑 5 英里（8 公里） 徒手訓練，輕度靜態伸展	休息	動態暖身等級一 輕鬆跑 3 英里（5 公里） 輕度靜態伸展／動態伸展操
5	休息	動態暖身等級一 輕鬆跑 5 英里（8 公里） 徒手訓練，輕度靜態伸展	休息	動態暖身等級一 輕鬆跑 4 英里（7 公里） 輕度靜態伸展／動態伸展操

週五	週六	週日	週跑量
休息	輕鬆跑 3 英里（5 公里）	動態暖身等級一 輕鬆跑 4 英里（7 公里） 輕度靜態伸展／動態伸展操	10 英里（17 公里）
動態暖身等級一 輕鬆跑 3 英里（5 公里） 輕度靜態伸展	動態暖身等級一 輕鬆跑 3 英里（5 公里） 輕度靜態伸展／動態伸展操	動態暖身等級一 輕鬆跑 4 英里（7 公里） 輕度靜態伸展／動態伸展操	15 英里（25 公里）
輕鬆跑 4 英里（7 公里） 輕度靜態伸展	動態暖身等級一 輕鬆跑 4 英里（7 公里） 輕度靜態伸展／動態伸展操	動態暖身等級一 輕鬆跑 5 英里（8 公里） 輕度靜態伸展／動態伸展操	21 英里（36 公里）
動態暖身等級一 輕鬆跑 3 英里（5 公里） 輕度靜態伸展	動態暖身等級一 輕鬆跑 5 英里（8 公里） 輕度靜態伸展／動態伸展操	動態暖身等級一 輕鬆跑 5 英里（8 公里） 輕度靜態伸展／動態伸展操	23 英里（34 公里）
動態暖身等級一 輕鬆跑 5 英里（8 公里） 輕度靜態伸展	動態暖身等級一 輕鬆跑 4 英里（7 公里） 輕度靜態伸展／動態伸展操	動態暖身等級一 輕鬆跑 6 英里（10 公里） 輕度靜態伸展／動態伸展操	24 英里（40 公里）

附錄 B

週	週一	週二	週三	週四
6	動態暖身等級一輕鬆跑 4 英里（7 公里）輕度靜態伸展／動態伸展操操	動態暖身等級一，暖身 1～3 英里，動態暖身等級二，12 趟 400 公尺／恢復跑 400 公尺，收操 1～3 英里	動態暖身等級一徒手訓練輕度靜態伸展／動態伸展操	動態暖身等級一，暖身 1～3 英里，動態暖身等級二，節奏跑 5 英里（8 公里），收操 1～3 英里
7	動態暖身等級一輕鬆跑 4 英里（7 公里）徒手訓練，輕度靜態伸展／動態伸展操	動態暖身等級一，暖身 1～3 英里，動態暖身等級二，8 趟 600 公尺／恢復跑 400 公尺，收操 1～3 英里	動態暖身等級一阻力訓練輕度靜態伸展／動態伸展操	動態暖身等級一，暖身 1～3 英里，動態暖身等級二，節奏跑 5 英里（8 公里），收操 1～3 英里
8	動態暖身等級一輕鬆跑 6 英里（10 公里）徒手訓練，輕度靜態伸展／動態伸展操	（速度跑）動態暖身等級一，暖身 1～3 英里，動態暖身等級二，6 趟 800 公尺／恢復跑 400 公尺，收操 1～3 英里	動態暖身等級一阻力訓練輕度靜態伸展／動態伸展操	（節奏跑）動態暖身等級一，暖身 1～3 英里，動態暖身等級二，節奏跑 5 英里（8 公里），收操 1～3 英里
9	動態暖身等級一輕鬆跑 5 英里（8 公里）徒手訓練，輕度靜態伸展／動態伸展操	動態暖身等級一，暖身 1～3 英里，動態暖身等級二，5 趟 1 公里／恢復跑 400 公尺，收操 1～3 英里	動態暖身等級一阻力訓練輕度靜態伸展／動態伸展操	動態暖身等級一，暖身 1～3 英里，動態暖身等級二，節奏跑 8 英里（13 公里），收操 1～3 英里
10	動態暖身等級一輕鬆跑 7 英里（11 公里）徒手訓練，輕度靜態伸展／動態伸展操	動態暖身等級一，暖身 1～3 英里，動態暖身等級二，4 趟 1,200 公尺／恢復跑 400 公尺，收操 1～3 英里	動態暖身等級一阻力訓練輕度靜態伸展	動態暖身等級一，暖身 1～3 英里，動態暖身等級二，節奏跑 8 英里（13 公里），收操 1～3 英里

週五	週六	週日	週跑量
動態暖身等級一 輕鬆跑 4 英里（7 公里） 徒手訓練，輕度靜態伸展／動態伸展操	動態暖身等級一 輕鬆跑 8 英里（13 公里） 徒手訓練，輕度靜態伸展／動態伸展操	動態暖身等級一 輕鬆跑 8 英里（13 公里） 輕度靜態伸展／動態伸展操	39 英里（68 公里）
動態暖身等級一 輕鬆跑 4 英里（7 公里） 徒手訓練，輕度靜態伸展／動態伸展操	動態暖身等級一 輕鬆跑 6 英里（10 公里） 徒手訓練，輕度靜態伸展／動態伸展操	動態暖身等級一 長跑 10 英里（16 公里） 輕度靜態伸展／動態伸展操	38 英里（64 公里）
動態暖身等級一 輕鬆跑 5 英里（8 公里） 徒手訓練，輕度靜態伸展／動態伸展操	動態暖身等級一 輕鬆跑 6 英里（10 公里） 徒手訓練，輕度靜態伸展／動態伸展操	動態暖身等級一 長跑 10 英里（16 公里） 輕度靜態伸展	41 英里（66 公里）
動態暖身等級一 輕鬆跑 6 英里（10 公里） 徒手訓練，輕度靜態伸展／動態伸展操	動態暖身等級一 輕鬆跑 5 英里（8 公里） 徒手訓練，輕度靜態伸展／動態伸展操	動態暖身等級一 長跑 15 英里（24 公里） 輕度靜態伸展	47 英里（80 公里）
動態暖身等級一 輕鬆跑 5 英里（8 公里） 徒手訓練，輕度靜態伸展／動態伸展操	動態暖身等級一 輕鬆跑 8 英里（13公里） 徒手訓練，輕度靜態伸展／動態伸展操	動態暖身等級一 長跑 10 英里（16 公里） 輕度靜態伸展	46 英里（71 公里）

週	週一	週二	週三	週四
11	動態暖身等級一 輕鬆跑5英里（8公里） 徒手訓練，輕度靜態伸展／動態伸展操	動態暖身等級一，暖身1～3英里，動態暖身等級二，6趟1英里（2公里）／恢復跑400公尺，收操1～3英里	動態暖身等級一 阻力訓練 輕度靜態伸展	動態暖身等級一，暖身1～3英里，動態暖身等級二，節奏跑8英里（13公里），收操1～3英里
12	動態暖身等級一 輕鬆跑5英里（8公里） 徒手訓練，輕度靜態伸展／動態伸展操	動態暖身等級一，暖身1～3英里，動態暖身等級二，4趟1.5英里（2.5公里）／恢復跑800公尺，收操1～3英里	動態暖身等級一 阻力訓練 輕度靜態伸展	動態暖身等級一，暖身1～3英里，動態暖身等級二，節奏跑9英里（14公里），收操1～3英里
13	動態暖身等級一 輕鬆跑7英里（11公里） 徒手訓練，輕度靜態伸展／動態伸展操	動態暖身等級一，暖身1～3英里，動態暖身等級二，3趟2英里（3公里）／恢復跑800公尺，收操1～3英里	動態暖身等級一 阻力訓練 輕度靜態伸展	動態暖身等級一，暖身1～3英里，動態暖身等級二，節奏跑9英里（14公里），收操1～3英里
14	動態暖身等級一 輕鬆跑5英里（8公里） 徒手訓練，輕度靜態伸展／動態伸展操	動態暖身等級一，暖身1～3英里，動態暖身等級二，2趟3英里（5公里）／恢復跑1英里（2公里），收操1～3英里	動態暖身等級一 阻力訓練 輕度靜態伸展	動態暖身等級一，暖身1～3英里，動態暖身等級二，節奏跑9英里（14公里），收操1～3英里
15	動態暖身等級一 輕鬆跑7英里（11公里） 徒手訓練，輕度靜態伸展／動態伸展操	動態暖身等級一，暖身1～3英里，動態暖身等級二，3趟2英里（3公里）／恢復跑800公尺，收操1～3英里	動態暖身等級一 阻力訓練 輕度靜態伸展	動態暖身等級一，暖身1～3英里，動態暖身等級二，節奏跑10英里（16公里），收操1～3英里

（週二欄位側邊標註：強化跑）

（週四欄位側邊標註：節奏跑）

週五	週六	週日	週跑量
動態暖身等級一 輕鬆跑 5 英里（8 公里） 徒手訓練，輕度靜態伸展／動態伸展操	動態暖身等級一 輕鬆跑 8 英里（13 公里） 輕度靜態伸展／動態伸展操	動態暖身等級一 長跑 16 英里（27 公里） 輕度靜態伸展	54 英里（91 公里）
動態暖身等級一 輕鬆跑 5 英里（8 公里） 徒手訓練，輕度靜態伸展／動態伸展操	動態暖身等級一 輕鬆跑 8 英里（13 公里） 阻力訓練，輕度靜態伸展／動態伸展操	動態暖身等級一 長跑 10 英里（16 公里） 輕度靜態伸展	49 英里（80 公里）
動態暖身等級一 輕鬆跑 6 英里（10 公里） 徒手訓練，輕度靜態伸展／動態伸展操	動態暖身等級一 輕鬆跑 6 英里（10 公里） 阻力訓練，輕度靜態伸展／動態伸展操	動態暖身等級一 長跑 16 英里（27 公里） 輕度靜態伸展	56 英里（91 公里）
動態暖身等級一 輕鬆跑 5 英里（8 公里） 徒手訓練，輕度靜態伸展／動態伸展操	動態暖身等級一 輕鬆跑 8 英里（13 公里） 阻力訓練，輕度靜態伸展／動態伸展操	動態暖身等級一 長跑 10 英里（16 公里） 輕度靜態伸展	49 英里（81 公里）
動態暖身等級一 輕鬆跑 6 英里（10 公里） 徒手訓練，輕度靜態伸展／動態伸展操	動態暖身等級一 輕鬆跑 6 英里（10 公里） 阻力訓練，輕度靜態伸展／動態伸展操	動態暖身等級一 長跑 16 英里（27 公里） 輕度靜態伸展	57 英里（93 公里）

週	週一	週二	週三	週四
16	動態暖身等級一 輕鬆跑 5 英里（8 公里） 徒手訓練，輕度靜態伸展／動態伸展操	動態暖身等級一，暖身 1～3 英里，動態暖身等級二，4 趟 1.5 英里（2.5 公里）／恢復跑 800 公尺，收操 1～3 英里	動態暖身等級一 阻力訓練 輕度靜態伸展	動態暖身等級一，暖身 1～3 英里，動態暖身等級二，節奏跑 10 英里（16 公里），收操 1～3 英里
17	動態暖身等級一 輕鬆跑 7 英里（11 公里） 徒手訓練，輕度靜態伸展／動態伸展操	動態暖身等級一，暖身 1～3 英里，動態暖身等級二，6 趟 1 英里（2 公里）／恢復跑 400 公尺，收操 1～3 英里	動態暖身等級一 阻力訓練 輕度靜態伸展	動態暖身等級一，暖身 1～3 英里，動態暖身等級二，節奏跑 10 英里（16 公里），收操 1～3 英里
18	動態暖身等級一 輕鬆跑 5 英里（8 公里） 輕度靜態伸展	動態暖身等級一 輕鬆跑 5 英里（8 公里） 輕度靜態伸展	休息	動態暖身等級一 輕鬆跑 6 英里（10 公里）

（週二欄標示：強化跑）
（週四欄標示：節奏跑）

速度跑：詳見 85～92 頁的配速表
強化跑：詳見 97～100 頁的配速表
節奏跑：詳見 105 頁的配速表

週五	週六	週日	週跑量
動態暖身等級一 輕鬆跑 5 英里（8 公里） 徒手訓練，輕度靜態伸展／動態伸展操	動態暖身等級一 輕鬆跑 8 英里（13 公里） 阻力訓練，輕度靜態伸展／動態伸展操	動態暖身等級一 長跑 10 英里（16 公里） 輕度靜態伸展	50 英里（82 公里）
動態暖身等級一 輕鬆跑 6 英里（10 公里） 徒手訓練，輕度靜態伸展／動態伸展操	動態暖身等級一 輕鬆跑 6 英里（10 公里） 輕度靜態伸展	輕鬆跑 8 英里（13 公里） 輕度靜態伸展	49 英里（82 公里）
動態暖身等級一 輕鬆跑 5 英里（8 公里） 徒手訓練，輕度靜態伸展／動態伸展操	動態暖身等級一 輕鬆跑 3 英里（5 公里） 輕度靜態伸展	**比賽！**	50 英里（81 公里）

表 B.2　進階課表

週	週一	週二	週三	週四
1	–	–	休息	動態暖身等級一 輕鬆跑 6 英里（10 公里）
2	動態暖身等級一 輕鬆跑 6 英里（10 公里） 輕度靜態伸展／動態伸展操	動態暖身等級一，暖身 1～3 英里，動態暖身等級二，12 趟 400 公尺／恢復跑 400 公尺，收操 1～3 英里	休息	動態暖身等級一 輕鬆跑 6 英里（10 公里）
3	動態暖身等級一 輕鬆跑 6 英里（10 公里） 輕度靜態伸展／動態伸展操	動態暖身等級一，暖身 1～3 英里，動態暖身等級二，8 趟 600 公尺／恢復跑 400 公尺，收操 1～3 英里	休息	動態暖身等級一，暖身 1～3 英里，動態暖身等級二，節奏跑 6 英里（10 公里），收操 1～3 英里
4	動態暖身等級一 輕鬆跑 6 英里（10 公里） 輕度靜態伸展／動態伸展操	動態暖身等級一，暖身 1～3 英里，動態暖身等級二，6 趟 800 公尺／恢復跑 400 公尺，收操 1～3 英里	休息	動態暖身等級一，暖身 1～3 英里，動態暖身等級二，節奏跑 6 英里（10 公里），收操 1～3 英里
5	動態暖身等級一 輕鬆跑 6 英里（10 公里） 輕度靜態伸展／動態伸展操	動態暖身等級一，暖身 1～3 英里，動態暖身等級二，5 趟 1 公里／恢復跑 400 公尺，收操 1～3 英里	動態暖身等級一，徒手訓練，輕度靜態伸展／動態伸展操	動態暖身等級一，暖身 1～3 英里，動態暖身等級二，節奏跑 6 英里（10 公里），收操 1～3 英里

（週二欄標示：速度跑；週四欄標示：節奏跑）

週五	週六	週日	週跑量
動態暖身等級一 輕鬆跑 6 英里（10 公里） 輕度靜態伸展／動態伸展操	動態暖身等級一 輕鬆跑 6 英里（10 公里） 輕度靜態伸展／動態伸展操	動態暖身等級一 輕鬆跑 8 英里（13 公里） 輕度靜態伸展／動態伸展操	26 英里（43 公里）
動態暖身等級一 輕鬆跑 6 英里（10 公里） 輕度靜態伸展／動態伸展操	動態暖身等級一 輕鬆跑 6 英里（10 公里） 輕度靜態伸展／動態伸展操	動態暖身等級一 輕鬆跑 8 英里（13 公里） 輕度靜態伸展／動態伸展操	41 英里（59 公里）
動態暖身等級一 輕鬆跑 7 英里（11 公里） 輕度靜態伸展／動態伸展操	動態暖身等級一 輕鬆跑 6 英里（10 公里） 輕度靜態伸展／動態伸展操	動態暖身等級一 長跑 10 英里（16 公里） 輕度靜態伸展／動態伸展操	46 英里（77 公里）
動態暖身等級一 輕鬆跑 6 英里（10 公里） 輕度靜態伸展／動態伸展操	動態暖身等級一 輕鬆跑 8 英里（13 公里） 輕度靜態伸展／動態伸展操	動態暖身等級一 輕鬆跑 8 英里（13 公里） 輕度靜態伸展／動態伸展操	45 英里（75 公里）
動態暖身等級一 輕鬆跑 7 英里（11 公里） 徒手訓練，輕度靜態伸展／動態伸展操	動態暖身等級一 輕鬆跑 6 英里（10公里） 輕度靜態伸展／動態伸展操	動態暖身等級一 長跑 12 英里（20公里） 輕度靜態伸展／動態伸展操	47 英里（80 公里）

附錄 B

週	週一	週二	週三	週四
6	動態暖身等級一 輕鬆跑6英里（10公里）輕度靜態伸展／動態伸展操	動態暖身等級一，暖身1～3英里，動態暖身等級二，4趟1,200公尺／恢復跑400公尺，收操1～3英里	動態暖身等級一 徒手訓練 輕度靜態伸展／動態伸展操	動態暖身等級一，暖身1～3英里，動態暖身等級二，節奏跑7英里（11公里），收操1～3英里
7	動態暖身等級一 輕鬆跑6英里（10公里）輕度靜態伸展／動態伸展操	動態暖身等級一，暖身1～3英里，動態暖身等級二，400公尺－800公尺－1,200公尺－1,600公尺－1,200公尺－800公/恢復跑400公尺，收操1～3英里	動態暖身等級一 徒手訓練 輕度靜態伸展／動態伸展操	動態暖身等級一，暖身1～3英里，動態暖身等級二，節奏跑7英里（11公里），收操1～3英里
8	動態暖身等級一 輕鬆跑6英里（10公里）徒手訓練，輕度靜態伸展／動態伸展操	（速度跑）動態暖身等級一，暖身1～3英里，動態暖身等級二，3趟1,600公尺／恢復跑600公尺，收操1～3英里	動態暖身等級一 徒手訓練 輕度靜態伸展／動態伸展操	（節奏跑）動態暖身等級一，暖身1～3英里，動態暖身等級二，節奏跑7英里（11公里），收操1～3英里
9	動態暖身等級一 輕鬆跑8英里（13公里）徒手訓練，輕度靜態伸展／動態伸展操	動態暖身等級一，暖身1～3英里，動態暖身等級二，6趟800公尺／恢復跑400公尺，收操1～3英里	動態暖身等級一 徒手訓練 輕度靜態伸展／動態伸展操	動態暖身等級一，暖身1～3英里，動態暖身等級二，節奏跑8英里（13公里），收操1～3英里
10	動態暖身等級一 輕鬆跑6英里（10公里）徒手訓練，輕度靜態伸展／動態伸展操	動態暖身等級一，暖身1～3英里，動態暖身等級二，3趟1,600公尺／恢復跑600公尺，收操1～3英里	動態暖身等級一 徒手訓練 輕度靜態伸展／動態伸展操	動態暖身等級一，暖身1～3英里，動態暖身等級二，節奏跑8英里（13公里），收操1～3英里

週五	週六	週日	週跑量
動態暖身等級一 輕鬆跑 6 英里（10 公里） 徒手訓練，輕度靜態伸展／動態伸展操	動態暖身等級一 輕鬆跑 10 英里（16 公里） 輕度靜態伸展／動態伸展操	動態暖身等級一 輕鬆跑 8 英里（13 公里） 輕度靜態伸展／動態伸展操	47 英里（78 公里）
動態暖身等級一 輕鬆跑 7 英里（11 公里） 徒手訓練，輕度靜態伸展／動態伸展操	動態暖身等級一 輕鬆跑 8 英里（13 公里） 輕度靜態伸展／動態伸展操	動態暖身等級一 長跑 14 英里（23 公里） 輕度靜態伸展	54 英里（88 公里）
動態暖身等級一 輕鬆跑 6 英里（10 公里） 徒手訓練，輕度靜態伸展／動態伸展操	動態暖身等級一 輕鬆跑 10 英里（16 公里） 輕度靜態伸展／動態伸展操	動態暖身等級一 輕鬆跑 10 英里（16 公里） 輕度靜態伸展／動態伸展操	49 英里（82 公里）
動態暖身等級一 輕鬆跑 7 英里（11 公里） 徒手訓練，輕度靜態伸展／動態伸展操	動態暖身等級一 輕鬆跑 8 英里（13 公里） 輕度靜態伸展／動態伸展操	動態暖身等級一 長跑 15 英里（25 公里） 輕度靜態伸展	57 英里（94 公里）
動態暖身等級一 輕鬆跑 6 英里（10 公里） 徒手訓練，輕度靜態伸展／動態伸展操	動態暖身等級一 輕鬆跑 10 英里（16 公里） 輕度靜態伸展／動態伸展操	動態暖身等級一 輕鬆跑 10 英里（16 公里） 輕度靜態伸展／動態伸展操	50 英里（84 公里）

附錄 B

週	週一	週二	週三		週四
11	動態暖身等級一 輕鬆跑 8 英里（13 公里） 徒手訓練，輕度靜態伸展／動態伸展操	動態暖身等級一，暖身 1～3 英里，動態暖身等級二，6 趟 1 英里（2 公里）／恢復跑 400 公尺，收操 1～3 英里	動態暖身等級一，阻力訓練，輕度靜態伸展／動態伸展操		動態暖身等級一，暖身 1～3 英里，動態暖身等級二，節奏跑 8 英里（13 公里），收操 1～3 英里
12	動態暖身等級一 輕鬆跑 6 英里（10 公里） 徒手訓練，輕度靜態伸展／動態伸展操	動態暖身等級一，暖身 1～3 英里，動態暖身等級二，4 趟 1.5 英里（2 公里）／恢復跑 800 公尺，收操 1～3 英里	動態暖身等級一，阻力訓練，輕度靜態伸展／動態伸展操		動態暖身等級一，暖身 1～3 英里，動態暖身等級二，節奏跑 9 英里（14 公里），收操 1～3 英里
13	動態暖身等級一 輕鬆跑 8 英里（13 公里） 徒手訓練，輕度靜態伸展／動態伸展操	動態暖身等級一，暖身 1～3 英里，動態暖身等級二，3 趟 2 英里（3 公里）／恢復跑 800 公尺，收操 1～3 英里	動態暖身等級一，阻力訓練，輕度靜態伸展／動態伸展操	節奏跑	動態暖身等級一，暖身 1～3 英里，動態暖身等級二，節奏跑 9 英里（14 公里），收操 1～3 英里
14	動態暖身等級一 輕鬆跑 6 英里（10 公里） 徒手訓練，輕度靜態伸展／動態伸展操	動態暖身等級一，暖身 1～3 英里，動態暖身等級二，2 趟 3 英里（5 公里）／恢復跑 1 英里（2 公里），收操 1～3 英里	動態暖身等級一，阻力訓練，輕度靜態伸展／動態伸展操		動態暖身等級一，暖身 1～3 英里，動態暖身等級二，節奏跑 9 英里（14 公里），收操 1～3 英里
15	動態暖身等級一 輕鬆跑 8 英里（13 公里） 徒手訓練，輕度靜態伸展／動態伸展操	動態暖身等級一，暖身 1～3 英里，動態暖身等級二，3 趟 2 英里（3 公里）／恢復跑 800 公尺，收操 1～3 英里	動態暖身等級一，阻力訓練，輕度靜態伸展／動態伸展操		動態暖身等級一，暖身 1～3 英里，動態暖身等級二，節奏跑 10 英里（16公里），收操 1～3 英里

註：週二欄位標示「強化跑」，週四欄位標示「節奏跑」。

漢森馬拉松訓練法

週五	週六	週日	週跑量
動態暖身等級一 輕鬆跑 7 英里（11 公里） 徒手訓練，輕度靜態伸展／動態伸展操	動態暖身等級一 輕鬆跑 8 英里（13 公里） 輕度靜態伸展／動態伸展	動態暖身等級一 長跑 16 英里（27 公里） 輕度靜態伸展	61 英里（103 公里）
動態暖身等級一 輕鬆跑 6 英里（10 公里） 徒手訓練，輕度靜態伸展／動態伸展	動態暖身等級一 輕鬆跑 10 英里（16 公里） 輕度靜態伸展／動態伸展操	動態暖身等級一 長跑 10 英里（16 公里） 輕度靜態伸展／動態伸展操	55 英里（89 公里）
動態暖身等級一 輕鬆跑 7 英里（11 公里） 徒手訓練，輕度靜態伸展／動態伸展操	動態暖身等級一 輕鬆跑 8 英里（13 公里） 阻力訓練，輕度靜態伸展／動態伸展操	動態暖身等級一 長跑 16 英里（27 公里） 輕度靜態伸展	62 英里（101 公里）
動態暖身等級一 輕鬆跑 6 英里（10 公里） 輕度靜態伸展	動態暖身等級一 輕鬆跑 10 英里（16 公里） 阻力訓練，輕度靜態伸展／動態伸展操	動態暖身等級一 輕鬆跑 10 英里（16 公里） 輕度靜態伸展／動態伸展操	55 英里（92 公里）
動態暖身等級一 輕鬆跑 7 英里（11 公里） 輕度靜態伸展	動態暖身等級一 輕鬆跑 8 英里（13 公里） 阻力訓練，輕度靜態伸展／動態伸展操	動態暖身等級一 長跑 16 英里（27 公里） 輕度靜態伸展	63 英里（103 公里）

附錄 B

週	週一	週二	週三	週四
16	動態暖身等級一 輕鬆跑 6 英里（10 公里） 徒手訓練，輕度靜態伸展／動態伸展操	動態暖身等級一，暖身 1～3 英里，動態暖身等級二，4 趟 1.5 英里（2 公里）／恢復跑 800 公尺，收操 1～3 英里	動態暖身等級一，阻力訓練，輕度靜態伸展／動態伸展操	動態暖身等級一，暖身 1～3 英里，動態暖身等級二，節奏跑 10 英里（16公里），收操 1～3 英里
17	動態暖身等級一 輕鬆跑 8 英里（13 公里） 徒手訓練，輕度靜態伸展／動態伸展操	動態暖身等級一，暖身 1～3 英里，動態暖身等級二，6 趟 1 英里（2 公里）／恢復跑 400 公尺，收操 1～3 英里	動態暖身等級一，阻力訓練，輕度靜態伸展／動態伸展操	動態暖身等級一，暖身 1～3 英里，動態暖身等級二，節奏跑 10 英里（16公里），收操 1～3 英里
18	動態暖身等級一 輕鬆跑 6 英里（10 公里） 徒手訓練，輕度靜態伸展／動態伸展操	動態暖身等級一 輕鬆跑 5 英里（8 公里）	休息	動態暖身等級一 輕鬆跑 6 英里（10 公里） 輕度靜態伸展

（註：週二欄跨 16、17 週標示「強化跑」；週四欄跨 16、17 週標示「節奏跑」）

■ 速度跑：詳見 85～92 頁的配速表
■ 強化跑：詳見 97～100 頁的配速表
■ 節奏跑：詳見 105 頁的配速表

週五	週六	週日	週跑量
動態暖身等級一 輕鬆跑 6 英里（10 公里） 輕度靜態伸展操	動態暖身等級一 輕鬆跑 10 英里（16 公里） 阻力訓練，輕度靜態伸展／動態伸展操	動態暖身等級一 輕鬆跑 10 英里（16 公里） 輕度靜態伸展／動態伸展操	56 英里（91 公里）
動態暖身等級一 輕鬆跑 7 英里（11 公里） 徒手訓練，輕度靜態伸展／動態伸展操	動態暖身等級一 輕鬆跑 8 英里（13 公里） 輕度靜態伸展／動態伸展操操	動態暖身等級一 輕鬆跑 8 英里（13 公里） 輕度靜態伸展	55 英里（92 公里）
動態暖身等級一 輕鬆跑 6 英里（10 公里） 輕度靜態伸展	動態暖身等級一 輕鬆跑 3 英里（8 公里） 輕度靜態伸展	**比賽！**	52 英里（88 公里）

附錄 B

附錄 C：

流汗計算機

1	測量訓練前後體重，估算體重減輕多少 訓練前體重__　訓練後體重__　減輕體重__ 訓練時數（1 小時最好） ＊若可能的話，請褪去衣物測量
2	將減輕體重（流失水分）換算成盎司（毫升） 例如：2 磅＝ 30 毫升，1 公斤＝ 1,000 毫升 流失水分__盎司（毫升）
3	記錄訓練期間攝取多少水分 例如：一瓶寶特瓶約 20 ～ 24 盎司（600 ～ 720 毫升） 飲水__盎司（毫升）
4	流失與攝取水分相加 流失＋攝取水分＝__盎司（毫升）
5	將此數據除以訓練時數，即可得出每小時流汗量 流汗量 ÷ 訓練時間＝每小時流汗__盎司（毫升）

範例：

1、2：訓練前 74.8 公斤，訓練後 74.3 公斤，體重減輕 0.5 公斤＝ 500 毫升

3：騎自行車 1 小時，攝取約 960 毫升的水

4：流失與攝取水分相加：500 毫升＋ 960 毫升＝ 1,460 毫升

5：將此數據除以訓練時數：1,460 毫升 ÷1 小時＝每小時流汗 1,460 毫升

資料來源：改編自莫尼克・萊恩（Monique Ryan）著作《耐力運動員的運動營養學》
（*Sports Nutrition for Endurance Athletes*）第三版（Boulder, CO: VeloPress, 2012）。

附錄 C

身體文化 153

漢森馬拉松訓練法：跑出你的最佳成績
Hansons Marathon Method, 2nd edition: Run Your Fastest Marathon

作者：盧克‧漢弗萊（Luke Humphrey）、凱文和凱斯‧漢森（Kevin & Keith Hanson）**／譯者：**鄭勝得／**審訂：**徐敦傑／**主編：**湯宗勳／**編輯：**文雅／**美術設計：**陳恩安／**企劃：**王聖惠

董事長：趙政岷／**出版者：**時報文化出版企業股份有限公司／108019台北市和平西路三段240號1-7樓／**發行專線：**02-2306-6842／**讀者服務專線：**0800-231-705；02-2304-7103／**讀者服務傳真：**02-2304-6858／**郵撥：**1934-4724 時報文化出版公司／**信箱：**10899台北華江橋郵局第99信箱／**時報悅讀網：**www.readingtimes.com.tw／**電子郵箱：**new@readingtimes.com.tw／**法律顧問：**理律法律事務所／陳長文律師、李念祖律師／**印刷：**勁達印刷有限公司／**一版一刷：**2020年9月11日／**一版六刷：**2023年10月16日／**定價：**新台幣420元

時報文化出版公司成立於一九七五年，並於一九九九年股票上櫃公開發行，於二○○八年脫離中時集團非屬旺中，以「尊重智慧與創意的文化事業」為信念。

漢森馬拉松訓練法：跑出你的最佳成績／盧克‧漢弗萊（Luke Humphrey）、凱文和凱斯‧漢森（Kevin & Keith Hanson）著；鄭勝得 譯——一版. --｜臺北市：時報文化，2020.9；304面；21×14.8公分. --｜（身體文化;153）｜譯自：Hansons Marathon Method, 2nd edition: Run Your Fastest Marathon｜ISBN 978-957-13-8313-2（平裝）｜1.馬拉松賽跑 2.運動訓練｜528.9468｜109011057